KB236924

12띠의 민속과 상징 ③

호랑이띠

이 창 식

국학자료원

책머리에

띠 민속은 한국인의 심성을 이해하고 음양과 오행에 관련된 생활상을 파악하는 데 중요하다. 열 두 띠에 투영된 인성(人性)은 한국인의 얼굴 그 자체에 자아의 그림자일 수 있다. 띠는 우리의 팔자론처럼 삶에 깊게 뿌리내려 있다. 이와 같은 띠 민속의 문화유산에 대하여 민속학(民俗學)이라는 거울을 통해 손쉽게 파악할 수 있다면 처음부터 의도한 대로 학문하는 즐거움을 가질 만하다.

이미 『한국의 띠 연구』를 주제로 두 번이나 학술회의를 연 이후에, 누구나 읽을 수 있는 띠마다 '민속의 상징과 의미'를 정리하기로 하였다. 필자도 여기에 참가한 인연 때문에 팔자에 없는 호랑이론을 쓰게 되었다. 사실 <호랑이의 민속과 상징>이라는 논문을 쓴 이래 줄곧 호랑이 꿈을 꾸었다. 때론 호랑이 등에 타고 하늘을 나는 꿈에서부터 때론 호랑이와 옛날이야기 하던 꿈까지 별별 몽중 여행을 다하였다.

그러나 호랑이론을 통해 늘 마음 속에 간직한 민속학의 대중화를 학술적으로 해보자는 기대감은 빗나가고 말았다.

선보이는 호랑이론은 고양이론도 되지 못한 듯하고 냉정하게 되물어봐도 어거지 호랑이 보고서라고 생각된다. '열 두 띠 이야기' 시리즈에 빠져든 올가미에 상투적으로 묶고 제목을 붙인데 지나지 않는다. 최소한 십년은 호랑이에 푹 빠진 여건에서 이런 이야기를 세상에 내놓아야 하는데 사정이 그렇지 못해 밑그림만 그린 호랑이론을 펼치게 되었다. 학문적 편법을 쓴 것 같아 이 글을 읽는 독자들에게 양해를 구한다.

　우리 민족사의 긴 흐름 속에 띠 동물은 단순히 주변 대상물이 아니라 민중 자신으로 육화되었다. 생활 과정에서 알게 모르게 우리의 생활에 깊숙히 뿌리내려 있는 경우가 많다. 더구나 여느 동물보다 호랑이는 신령스러운 존재로 부각되었고, 지금도 한국인의 대표적인 밝은 심상(心象)의 하나로 제시되고 있는 동물이다. 호랑이띠를 가진 독자들은 이 책을 빌미삼아 호랑이다움을 다시 인식하면 좋겠고, 그밖에 다른 띠동물의 독자들은 호랑이띠와 관계를 따져보면서 삶의 오묘함을 다시 일깨우는 계기가 되었으면 한다.

　호랑이는 88서울 올림픽에 호돌이라는 이름을 지닌 귀여운 마스코트로 등장한 바 있다. 한국인은 호랑이를 사나운 짐승이라고 전제해도 일찍부터 친근한 동물로 받아드린 심성이 있었다. 설화, 민화, 놀이, 세시풍속 등 민속전승에 나타난 친연성은 오늘날 한국문화의 원형으로 떠올랐고 힘과 슬기라는 이미지로 연결되었다. 한국인에게 호랑이는 똑똑함의 매개체로 각인되어 누구나 기분 좋은 상징물로 자리잡고 있다. 호랑이띠를 가진 독자들은 이러한 장점을 살려 인성화하였을 때 더불어 살아가는 사회－단군신화의 평등정신－에 어진이로 부각되리라 믿는다.

필자 가슴 속에도 한 마리의 호랑이가 살아숨쉬고 있다. 이를 호돌이·호순이라고 불러도 되겠지만 필자는 그냥 '범님'이라고 부르고 싶다. 호랑이의 상징은 안으로 지닌 슬기로움과 겉으로 드러난 용맹스러움이 조화된 동물이다. 한국 호랑이는 까치와 함께 담배를 피우는 마음씨 좋은 이웃 할아버지도 되지만 부조리한 짐승을 사정없이 물어버리는 사나운 역사신(歷史神)이기도 하다. 더욱이 어진이의 참모습을 간직한 호랑이 탈은 한국인의 신명이면서 동시에 의로운 자아인 것이다. 이 책 한 권이 집집마다 부도덕과 사악을 쫓는 마음의 부적이 되기를 바란다. 위기의 시대에 호랑이 정신이라도 되살아나 글을 읽는 이들에게 힘이 되고 싶다. 호랑이 담배 피우던 시절 이야기를 정보화 시대에 컴퓨터 속에서 호랑이를 키우면서 억지를 부린 것에 지나지 않아 부끄럽다. 더구나 호랑이를 잡기 위해 호랑이굴에 뛰어들었다가 개망신한 시대에 호랑이타령을 하니 더욱 안스럽다. 후일 온전한 호랑이론을 제시할 것을 다짐하면서 책머리에 대신한다. 끝으로 호랑이 자료를 준 김강산, 우계홍 등 이 땅의 많은 제보자들에게 고마운 인사를 드린다.

1997. 12. 18.

의림지가 가까운 연구실에서 필자

목 차

제1장. 호랑이띠와 민중의 삶

호랑이는 민중의 삶과 불가분의 관계를 가지고 있는 동물
이다. 호랑이는 순수한 말로 '라이'인 감과 범이라는 별칭이
있다. 한자말로 호랑(虎狼)이라고 썼지만 범이라고 많이 불
렸다. 호랑이는 인간을 잡아먹는 사나운 짐승이었다. 그러면
서도 호랑이는 이웃집 마음씨 좋은 할아버지처럼 친근한 동
물이었다. 지금까지 살아오면서 무서운 호랑이에 대한 이야
기를 숱하게 들어왔다. 호랑이한테 죽은 사람의 이야기에서
부터 음담패설에 가까운 호랑이 속이는 이야기에 이르기까
지 정말 다양하게 들어왔다. 독자들도 마찬가지라고 생각된
다. 이 땅에 살아온 다수 사람들은 누구나 호랑이에 얽혀 살
아왔다 해도 과언이 아니다. 더구나 열두 띠 가운데 호랑이
띠에 관련된 구비전승의 편린은 민중의 아득한 기억 저편
속에 살아 숨쉬는 그 무엇이며, 동시에 이 시대의 또다른 무

의식으로 상징적 표출로 거듭 의미가 부여되고 있는 것이다. 그래서 필자는 이 글에서 무엇보다 호랑이에 얽힌 한국인의 정신적 심연을 이해하고자 관련 자료를 정리하고 그 상징성을 비판적으로 독자들에게 들려주기로 하였다.

   민중은 자연력의 시간대에서 이른바 팔자론(八字論)을 의미화하면서 삶을 영위한다. 흔히 시간에는 한 번 밖에 경험할 수 없는 직선적 시간단위가 있고, 매년 되돌아오는 원형적 시간단위가 있다. 또 60년만에 돌아오는 매듭의 시간이 있는가 하면, 12년만에 돌아오는 굽이의 시간이 있다. 민중은 이러한 자연적 시간을 통해 삶의 상징적(象徵的) 의미를 부여해 온 것이다.

◇ 12띠 그림(왼쪽 호랑이)

전통사회의 민중은 음양오행성(陰陽五行性)과 간지(干支)에 근거를 두고 삶의 이치를 헤아려 보는 속신관념을 지녀왔다. 띠를 바탕으로 한 생년월일과 출생 시각을 셈하는 사주궁합(四柱宮合)은 물론 한해의 운수와 금기를 확인하고, 심지어 혼례일, 이삿날, 장담는 날, 출어(出漁)날에 이르기까지 띠로 정하였다. 게다가 민중은 띠를 통하여 좋음[相生]과 나쁨[相剋]을 따지고, 되도록 좋은 해와 달과 날짜와 시각과 방향을 골라서 일상사를 행하고, 나쁜 해[凶]와 달과 날짜와

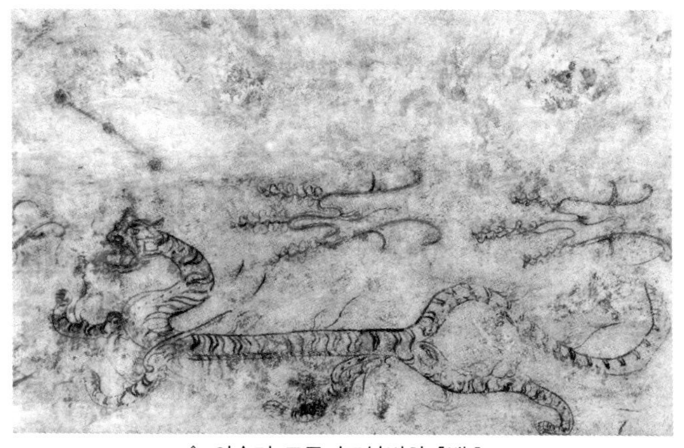

◇ 약수리 고구려고분벽화 「백호」

시각과 방위에는 행사를 꺼리거나 되도록 자제하였다.

호랑이띠는 이같은 민간사유에서 나온 상징적 시간 전승물이다. 열두 띠 중에서 세번째인 인지(寅支)는 호랑이의 동물 명칭을 붙여 한 생애의 운명이나 그에 얽힌 신명을 표현

한 관념체계다. 이는 인지(寅支)의 상생(相生)과 상극(相剋) 조화론에 대한 민간사고다. 간지(干支)에서 '인(寅)'은 '동방'으로 동물은 범(호랑이)이고, 방위는 동북방, 시각은 오전 3시부터 5시까지, 달은 정월이다. 계절로 치면 겨울~2월, 대응하는 서양별자리는 수병좌, 음양으로는 양, 오행으로는 '목(木)'에 해당하는 것이다. 특히 ≪주역(周易)≫에서 인방(寅方)이 동북방을 가리키므로 '한국'이라는 점을 주목할 필요가 있다. 사신도(四神圖)의 호랑이는 서방을 수호하는 상징 신수로 알려져 있다. 민중은 일상생활에서 까치와 함께 한 호랑이 그림을 즐겨 붙이고, 그것으로 나쁜 것을 막아왔다. 한국은 세계에서 단연 특출한 호랑이 그림과 이야기를 가진 나라가 되었다. 88올림픽 때 호돌이 때문만은 아니다.

호랑이띠는 한국인의 띠동물 중에서 가장 적극적인 대상물로 자리잡고 있다. 곧 호랑이띠는 안으로 슬기로움과 겉으로 용맹스러움이 어우러진 성향으로 널리 사랑을 받고 있다. 곧 <단군신화>에서도 제시되었듯이 홍익인간(弘益人間)의 실천적 모습으로 인간 사회에서 더불어 사는 어진이의 성향으로 대변된다. 이 글은 이 띠가 어떻게 해서 지금 여기에서 민중의 생활사에 깊이 뿌리내렸는가를 구비전승의 측면을 위주로 하여 한국인의 운명관을 정리하는 데 있다.

호랑이는 한국민중과 불가분의 관계를 가지고 있는 동물이다. 호랑이는 사람을 잡아먹는 짐승이다. 우리가 어릴 때만 해도 무서운 호랑이에 대한 이야기가 숱하게 나돌았다.

밤중에 고갯길을 넘어가는 사람이 호랑이가 자꾸 앞을 가로 막으므로 성냥불을 켜면 호랑이가 달아났다가 다시 오곤하여 밤새도록 성냥 한 갑을 다 태우고 나니 날이 훤히 밝아오더라는 이야기에서부터 황소가 마을에 내려온 호랑이와 싸워 그를 뿔로 받아 넘겨 물리쳤다는 이야기 보따리를 제법 가슴 조이며 들었던 것이다.

속담에도 있는 것과 같이 호랑이의 말을 하면 호랑이가 오기 때문에 무서운 존재에 관해서 이야기할 때는 사람들은 목소리를 죽이고 말하며 그 대신 눈은 이상하게 빛나는 것이다. 공포에 떨리는 가슴 속에서 남모르게 매혹적인 희열에 잠기는 것이다. 그것은 금기(禁忌)를 깨뜨리는 전율, 아니면 희열이다. 호랑이는 그러한 대상물이였다. 지금 같으면 한국신의 호랑이에게 향했던 뿌리깊은 공포감은 아마 어디 다른 곳으로 옮겨졌을 것이다. 그러나 그 공포감의 원천은 우리 마음 속에 있다. 밖에 있는 호랑이는 사라져도 우리 마음 속에 있는 호랑이는 좀처럼 사라지지 않는다. 그리고 그것은 늘 투사할 만한 공포 대상을 밖에서 찾는다. 호랑이 띠를 가진 사람은 더욱 이런 관념에 대한 경험이 많을 것이다.

민간에서 오래 전부터 제사를 지내온 산신령은 그 원시적 형상이 호랑이였을 것이라는 의견이 있다. 우리 나라에서 호랑이를 신(神)으로 제사 지내기는 퍽 오래된 일이다. 산놀이에 사자놀음과 호랑이춤이 있었다고 하고 사자춤은 불교와 더불어 서역으로부터 들어 와서 본래 있던 호랑이춤을 대치

하거나 이와 혼동되기도 하였다고 한다. 춤추는 무당호랑이에 관한 이야기가 있거니와 이것과 산신(山神)으로서의 호랑이나 민속극으로서의 호랑이와 무슨 관계를 가지고 있는지는 알 수 없으나, ≪용재총화≫ 같은 데 "국중내정에 열리는 절회에 광대가 호랑이 가죽을 뒤집어쓰고 앞을 달리면 활 잘 쏘는 사람이 쑥대 화살로 호랑이를 쏘는" 장면이 나오는 것을 보면 위험하고, 악한 호랑이를 내쫓는 주술적인 기능도 상당히 중요했던 것으로 보인다. 현재 보고되고 있는 구포 '호랑이굿'도 사람을 잡아먹는 호랑이에게 복수함으로써 죽은 넋을 위로하는 연극적 행위를 그 내용으로 하고 있다.

그러나 호랑이를 신비롭게 생각하는 경향은 우리 나라 전설에서 많이 볼 수 있다. 효성이 지극한 효자를 도와 그의 성묘길을 인도한다든가 부모의 무덤가에서 막을 치고 살면서 봉양을 하는 효자를 지켜 주는 등 효도를 장려하는 듯한 이야기 가운데서 호랑이와 저승과의 관계를 엿볼 수 있는데, 여기서 호랑이는 살아 있는 자를 죽은 자의 세계로 인도하는 '영혼의 인도자'이거나 저승의 영역을 보호하는 신의 심부름꾼, 혹은 사경의 문지기의 역할을 하고 있다. 호랑이에 의해서 선택된 위대한 사람에 관한 이야기가 우리나라에도 있는데 가령 이성계(李成桂)가 어려서 아이들과 함께 호랑이 굴 속에서 비를 피했는데 밖에서 호랑이가 으르렁거리므로 소년들이 제각기 옷을 던져 호랑이가 옷을 집는 옷의 임자가 뛰어나가 호랑이의 밥이 되자고 의논하여 옷을 던지니,

호랑이가 한 소년의 옷을 발로 짚으므로 그 소년이 용감하게 굴을 뛰쳐나가는 순간 굴이 무너져 다른 아이는 죽고 호랑이는 온데간데없이 사라졌는데 그 아이가 이성계라는 이야기가 그 한 예이다.

호랑이에 대한 민중의 생각은 개인의 심리가 구비전승의 적층성과 경험의 여론성에 의해 사회적인 현상으로 확장되어 상징화된 측면이 강하다. '떡 하나 주면 안 잡아먹지'이야기 속에는 과거 우리 사회의 심리현상이 다양하게 의장(擬裝)되어 있다. 심메마니나 산사나이들은 산신령님인 호랑이가 보호해주니 무사할 것이라고 믿으며 호랑이 똥내를 맡을 때 그런 믿음을 보인다는 것이다. 인간의 마음 속에 뒤흔드는 무엇이 없을진댄 산에의 외경도 기대하기 어렵다. 민중의 호랑이 집단무의식은 오랜 경험에서 나온 것이고 거기에는 깊은 외포(畏怖)로부터 신성감을 느끼게 하는 역동성이 내재되어 있다. 결국 민중은 호랑이라는 맹수에 인간 자신의 마음 속에 있는 신앙적 본능 또는 이상적 신성력을 투영해 온 것이다.

감각적 의식은 인간의 인식 가운데서 아주 원시적인 인식 방법의 하나로 알려져 있다. 논리적인 사고 판단이 발달되기 전의 어린아이들은 주로 형상이나 색채, 촉감과 같은 감각적인 자극을 통해서 사물을 분별한다. 원시인들에게는 감각이 바로 사고라는 말을 하고 있다. 감각 속에 생각이 용해되어서 그것이 따로 분화되지 않고 있는 것이다. 지능이 부족한 사람들이 곧잘 남의 얼굴의 이상한 특징을 발견하는 것도 이와 같은 입장에서 이해할 수 있다. 감각적 분별능력이란 그러한 사물의 외관(外觀)을 구별하는데 그치지만 그 속을 꿰뚫어서 진위를 알아내는 데는 적합하지 않다. 이야기에서는 어린아이의 직관이 무언가 이상하다는 의혹을 일으키기는 했으나, 감각을 통한 식별과정은 오히려 그 의혹의 본질을 파악하지 못하고 호랑이의 거짓말에 쉽사리 압도당하고 만다. 거짓말이란 하나의 지적 부산물이며 사고기능에 속한다. 호랑이의 지능은 민담 속의 아이들보다 앞선다고 정신분석학자들은 말한다.

전설이나 민담 속에서 호랑이는 물론 모든 종류의 사람으로 둔갑할 수 있는 것처럼 변신하고 있다. 호랑이가 여성적 속성을 가지고 있는가 남성적 상징인가를 호랑이의 변신을 통해서 말하기는 어렵다. 민담 속의 호랑이는 여성적 취향을 지녔으나 민화 속의 호랑이 그림은 남성적 취향을 지녔다. 호랑이가 스님으로 바뀌는 것이 스님이 본래 남녀의 세속적인 구분을 넘어서는 것인 만큼 다른 차원에서 보아야만 한다면 호랑이는 대개는 할머니, 어머니, 예쁜 여자 등으로 바뀌거나 그들과 어떤 의미로나 관계가 깊은 것 같고, 호랑이가 장차 훌륭한 사람이 될 아이에게 젖을 먹인다든가 하는 이야기도 있어 (≪三國遺事≫2, 甄萱) 그 모성적(母性的)인 성격이 비교적 강하게 나타나 있는 듯하다. 그러나 어느 모로 보나 모성본능의 상징으로 보이는 곰에 비해서 호랑이는 그만한 참을성이 없는 동물처럼 묘사되고 있는 것은 비단 <단군신화>에 한하지 않고 그 동물 자신의 생태학적 특징과도 부합되는 것이 아닌가 생각된다. 다른 한편 호랑이를 용맹한 것의 상징으로 현재까지도 지명, 인명, 상호, 때로는 사단 칭호로 애용되는 것이라든가 호랑이의 눈썹, 호육(虎肉)이 이야기 속에서나 민간의료에서 병마위혁(病魔威赫)의 주물(呪物)로 쓰였다든가 5월 단오에 쑥으로 만든 호랑이를 문에다 다는 풍습이라든가, 모두 호랑이의 위력을 십분 강조하는 생각으로서 그 힘의 방향이 모성의 참을성 있는 기다림에 쓰이지 않고 밖으로 향하고 있는 점에서 남성적인 경향을 보여 주고 있다.

호랑이는 그 성격상 상당히 불안정한 짐승으로 표현되는데 어떤 때는 그 어느 한 면이 두드러지게 민중의식 속에 반영되고 어떤 때는 다른 면이 강조되곤 하였던 것이다. 호랑이에 대한 이야기는 따로 장이 마련되어 있으니 여기서는 몇 가지 특징만은 들어 대강 설명하는데 그쳐야겠다. 호랑이의 성격은 포효적 용맹성을 지녔고 반면에 낙천적 포용성도 지녔다. 이 양면의 얼굴은 신앙심과 설화성을 동시에 노출하였다.

우리 나라 사람들의 역사적인 동물관 가운데 호랑이는 옛날부터 지금까지 흉물로만 여겨져 왔다는 의견은 주목을 끈다. 호랑이에 대한 우리 나라 사람의 '이중감정' 곧 양가성(兩價性)이 흉악시하는 경우와 우러러보는 따위의 두 가지의 다른 감정이 동시에 한 대상으로 향할 때 우리는 이를 양가 감정이라 하거니와 호랑이는 수많은 대상 가운데 우리 마음의 이와 같은 감정을 불러일으키는 대상이 되는 짐승이었으며, 우리의 마음 속에는 실상 호랑이가 아니더라도 어떤 대상에나 이런 감정을 일으키게 하는 원천이 있다. 따라서 호랑이도 민중의 삶 속에서 긍정과 부정의 양면상 원형상으로 존재한다. 이것은 융의 이른바 '원형상'의 특징이기도 하고 이를 원초적 심상이라고 말할 수 있다.

석수 호랑이 상 : 제주도(사진 김태명 교수)

제2장. 호랑이의 생태와 활용

(1) 호랑이의 생태적 특징

강아지 송아지 망아지는 알아도 곰과 호랑이의 새끼를 우리말로 무엇이라 부르는지 아는 사람은 드물 듯싶다. 곰은 능소니, 호랑이는 개호주라 부른다. 호랑이는 고양이과 동물 중에서 가장 크고 힘세다. 입이 크고 날카롭기 때문에 깨무는 힘이 강하다고 한다. 호랑이는 고양이과의 여러 가지 성질과 습관을 지니고 있으며, 동작이 매우 빠르고 매사에 조심성있게 행동한다. 소리를 내지 않고 먹이가 되는 다른 야생 동물에 접근하거나, 자기 몸이 보이지 않게 걸어가는 동작과 모양은 마치 뱀이 땅 위로 기어가는 동작과 비슷하다. 먹이를 찾아서 하루 동안 80-100km를 달린다. 보통은 80km

에 달리며, 항상 뒷발이 앞발자국을 되밟는 습성이 있다. 뛰는 것이 매우 빨라서 한번의 도약이 4m에 달하며, 다른 야생 동물을 쫓아갈 때에는 7-8m의 먼 거리를 무난히 뛰며, 큰 바위나 높은 곳에서 아래로 도약할 때에는 10m까지도 뛰어내린다고 알려져 있다. 포효성(咆哮性)은 우뢰와 같아 바람을 타고 울릴라치면 온갖 짐승들이 무서워 떨 뿐이라고 전해진다.

호랑이는 헤엄을 잘 치며 무더운 여름에는 냇가로 내려가서 산간 계류의 선선한 곳에서 쉰다. 낮에는 모기와 등에를 피하여 폭포수가 떨어지는 물안개가 낀 물가의 바위 위에서 낮잠을 잔다. 산의 급한 경사지나 바위 위를 잘 오르내리며 개에게 추격을 당하게 되면 나무의 경사가 45°정도만 되면 나무 위로 자유롭게 기어올라간다. 나무 위에서 내려올 때에는 회전하여 머리를 밑으로 향하여 내려온다. 여름철의 무더위를 제일 견디기 어려워한다. 따라서 6-7월에는 1500m 이상 되는 심산 유곡에서 살고 8월이 되면 다소 밑으로 내려와서 산다.

겨울철에는 영하 30도의 혹한도 아랑곳하지 않고 잘 견딘다. 일년 중 이 시기에는 특히 피하지방 조직의 발달이 잘 되어 배와 겨드랑이 밑의 지방층은 5㎝ 두께로 두꺼워진다. 또, 달 밝은 밤에 눈 위에서 뒹구는 모양은 마치 개가 눈이 오면 좋아서 이리 뛰고 저리 뛰는 것과 흡사하다. 눈이 많이 온 한겨울 동안에는 눈 위를 여기저기 돌아다니기 때문에

◇ 백두산 호랑이

과천 서울대공원에서 일반에 공개된 백두산 호랑이의 늠름한 자태. 아직 '정들이기'가 진행 중이어서 한쌍 중 암호랑이는 격리된 옆 우리에 따로 수용돼 있다.

배 밑과 발에 있는 털이 다 빠지게 된다.

해가 진 뒤와 해가 돋기 직전을 제일 좋아하지만 낮에도 수시로 먹이가 되는 야생 동물을 찾아다닌다. 배가 부르면 하루 종일 드러누워 낮잠을 자다가 해가 지자마자 활기를 띠고 약탈적 행동을 시작한다. 배가 고픈 호랑이는 밀림의 넓은 지역 전체를 굽어 볼 수 있는 높은 지대를 선택하려고 힘쓰고, 배가 부른 호랑이는 특히 추울 때에는 나무가 무성한 장소를 선택하며, 그때 그때마다 항상 장소를 바꾸는 성질이 있다. 만약, 먹이가 되는 동물을 잡기 위하여 밤에 활동하는 것이 불편할 때에는 낮에 대기한다. 또 먹이가 되는 동물을 잡기 위하여 이동할 때에는 좌우양측면이 잘 보이는 산마루를 좋아하며 때때로 계곡에 하늘을 찌를 듯 높이 솟은 뾰족한 바위 위에서 사냥터(獵場)를 내다보며, 먹이가 되는 야생 동물을 확인하게 되면 뱀과 같이 미끄러져 내려가서 등에서 덮친다.

교미 시기와 교접은 12월~1월 초순경에 시작되며, 젊은 호랑이는 2주간 늦어진다. 이 시기에 수컷은 이 산 저 산 숲이란 숲은 모조리 뒤져서 암컷을 찾아 헤맨다. 수컷 여러 마리는 암컷 한 마리를 두고 치열한 싸움을 벌인다. 가장 힘이 센 호랑이는 특권을 가지고 욕정을 충족시킬 때까지는 다른 수컷이 암컷 있는 근처에도 못 오게 한다. 수컷의 투쟁은 맹렬하며 투쟁 장소는 항상 피투성이가 되는데, 발톱으로 말미암아 부상을 당함에도 불구하고 그 투쟁으로 죽음을 초래하는 일은 없으며, 약자는 패배당하면 그 투쟁하던 장소를 강자에게 양보하고 새로운 행운을 찾아서 물러서게 된다.

임신 기간은 98-110일이며 1회의 새끼 수는 3마리이다. 암컷은 사람이 접근하기 어려운 바위로 된 동굴이나 바위와 바위 사이에 움푹 패인 곳, 절벽의 동굴에 보금자리를 만든다. 보금자리는 먹이를 찾는 데에서 너무 멀지 않은, 곧 멧돼지와 여러 가지 야생동물이 많이 살고 있는 곳을 선택한다. 또, 일반적으로 보금자리는 바위 위의 자연히 움푹 팬 곳에 만들며, 나무의 마른 잎, 마른풀을 보금자리 밑에 깐다. 암컷은 항상 경계하기 위하여 결코 일직선으로 보금자리를 찾아가지 않고 바위를 밟고 다녀서 자신의 발자국을 감추려고 노력한다. 새끼를 보호하기 위하여서는 맹목적으로 용감해져서 모성애를 발휘하며 미친 듯이 사냥꾼(獵師)에게 덤벼드는 성질이 있다.

갓난 새끼인 개호주는 어린 고양이 크기만 하지만 성장 속도는 매우 빠르다. 2개월이 경과되면 어미는 새끼들을 보금자리에서 나오게 한 뒤에 새끼들에게 반쯤 죽은 야생 동물을 운반하였다가 육식동물로서의 기술을 습득시키기 위하여 훈련을 시작한다. 6개월간 젖을 먹이며, 매일의 일과로서 짐승을 잡는 기술을 연마, 습득하게 하여, 9개월째부터는 어미 호랑이와 동반하여 수렵을 하기 시작한다. 새끼들은 1, 2년간 어미 옆에 머무른 뒤 서서히 독립생활에 들어가지만, 어미 호랑이가 살고 있는 곳에서 그다지 멀리 떨어지지는 않는다. 3년 뒤에야 좋은 서식장소를 찾기 위하여 방랑하기 시작한다. 호랑이는 생후 5년이 되어야 비로소 성숙한다. 수명은 40~50년인데, 보통 25년이다. 1년에 두 번 털갈이를 하는데 그 시기는 9월과 3월이다. 검은 줄무늬와 코와 발은 몸의 다른 부분보다 빨리 털갈이를 하며 털갈이 기간은 약 2주간이다. 또, 길고 날카로운 발톱도 매년 바뀌며, 바뀌는 시기는 12월경이다.

호랑이의 식성은 자기자신이 잡은 신선한 야생동물의 고기만 먹는데 시장기가 날 때에는 죽은 고기, 오래된 고기도

의 눈알이 얼을 진정시킨다 하여 혼백이 편치 못한
자에게 쓰인다.

2) 표범의 경우

고기(肉) 부드럽고 맛이 시나 독은 없다. (약간의 독이 있
　　다고 한다) 오장(五臟)을 편하게 하고 근골(筋骨)을
　　건장하게 하며 몸을 가볍게 하고, 힘을 더하고 강정
　　하게 하며 귀신과 잡신을 물리친다. 고기를 먹으면
　　사람의 지성(志性)이 거칠어지나, 오래 먹으면 추위
　　더위를 잘 견디게 한다. 표범은 앙칼진 것이 범보다
　　지나친 고로 오장은 편히 하고 몸을 가볍게 한다.

발가락(趾) ‘머리카락을 나게 하는 연고’(生臟膏)에 넣어서
　　아침에 바르면 저녁에 털이 난다.

머리뼈(頭骨) 태운 재를 물에 타서 머리를 감으면 풍(風)
　　을 제거한다.

코(鼻) 여우귀신(虎魅)을 물리친다.

껍질(皮) 깔고 자면 염병(瘟疫)을 막고 귀사(鬼邪)를 물리
　　친다.

<동의보감>에는 범의 여러 부위를 조제하고 처방하는 약
방이 여기저기 보인다. 아래에 그 몇 가지를 옮겨 본다.

칠물호두원(七物虎頭元)

염병을 물리치고 귀신을 죽이고 모든 역기(疫氣)를 없앤다. 처방은 호두골(虎頭骨), 주사(朱砂), 웅황(雄黃) 각 한 냥 반 등을 섞어 이를 남자는 왼편, 여자는 오른편 팔에 메고, 또 집의 네 모퉁이에 달아두었다가 만일 근방에 질병이 유행하면 그믐과 보름달 밤중에 문간에서 일환(一丸)을 불사르고, 새벽에 하나를 씹다 뱉어 버리면 전염되지 않는다.

활호단(活虎丹)

여러 해 미친병(癲癇)으로 인해 기혈이 부족한 데 쓴다. 처방은 한 갈범의 네 발과 발톱을 톱으로 잘라 피와 함께 잘게 하여, 주사(朱砂) 편뇌(片腦) 사향(麝香)을 조금씩 넣어 고루 섞어 만든 것을 씹어서 먹는다.

호골단(虎骨丹)

어린아이의 걸음이 더딘 것을 다스린다. 처방(處方)은 호경골(虎脛骨), 생건(生乾), 지황(地黃), 산조인(酸棗仁), 백복령(白茯苓), 육계(肉桂), 방풍(防風), 당귀(當歸), 천궁(川芎), 황기(黃芪), 우슬(牛膝)을 각 등분하고, 가루를 만들어 밀환(蜜丸) 마자대(麻子大)하여 모과탕(木瓜湯)에 열 환(丸)을 복용한다.

가감호골산(加減虎骨散)

뼈마디가 아프고 붓거나 굴신하지 못하는 풍(風)증세인 백호력절통(白虎歷節痛)을 다스린다. 여기에는 닭똥을 붙이는 것도 좋다고 한다. 처방은 호경골 세 냥과 몰약(沒藥) 다섯 전(錢)을 섞어 가루로 만들어 술에 적셔 아픈 부위에 바른다.

가미호잠환(加味虎潛丸)

허로(虛勞)를 다스리고 심신(心腎)을 보한다.

금생호골산(金生虎骨散)

반신불수의 풍을 낫게 한다.

회춘벽사단(回春辟邪丹)

이름 그대로 회춘벽사를 위한 약인데, 처방은 호경골 두 냥과 함께 기타 한약재를 쓴다.

백호탕(白虎湯), 사호산(四虎散), 우황금호단(牛黃金虎丹), 오호탕(五虎湯) 등은 '虎'자가 들어갔지만 조제상 호랑이와는 아무런 관계가 없다. '龍'자가 들어 있는 약명이라고 해서 모두 용고기가 들어가는 것이 아닌 것과 같다.

이상 <동의보감>이외에도 호랑이 한방은 많은 속신관념과 함께 흥미있는 여러 가지 이야기가 전해지고 있다.

호랑이털을 태운 재를 미친개에게 물린 자리에 뿌리고, 눈썹을 태워서 여러 가지 상처에 바른다고 한다. 피는 신기를 돕고 튼튼하게 한다.(壯神强志) 위(胃)를 태운 잿가루를 마시면 소화불량·식욕부진·비위허약에 좋다. 호랑이 눈알 한쌍을, 마른 것이면 가루로 만들고, 날 것이면 잘 찧어 즙에 개어 아동에게 먹이면, 밤이 되면 발작적으로 우는 병(小兒夜啼症)을 낫게 한다. 매맞은 데엔 범고기를 먹으면 좋다. 범고기 불고기를 매일 먹으면 비장을 튼튼하게 하고 위를 보강하며, 비위허약·식욕부진에 좋다. 관절통이 심해 움직이지 못하는 데에 호두골(虎頭骨) 하나를 으깨 노랗게 볶아 술에 재워두고 수시로 마신다.

광견병에는 범의 이빨을 부드러운 가루로 만들어 술로 복용한다. 전신 골절 신경통에 범의 이빨 네 개를 으깨고 지네 열 마리와 함께 술에 담그었다가 장기간 복용한다. 성(性) 쇠약증(陰痿不起, 早漏)에는 호신(虎腎) 한 쌍과 호음경(虎陰莖) 한 개를 잘라 썰고, 소금에 절여 그늘에 말린 뒤 가루로 만들어 파극살(巴戟肉) 한 냥 등, 가루로 한 것과 섞어 꿀로 개어 환약을 만든다. 이것을 술 또는 온수에 타서 매일 세 차례 이십 내지 삼십 알씩 식전에 장기간 복용하면 매우 효험이 있다.

호유지고(虎油脂膏)

호랑이의 네 발가락을 구어서 짜낸 기름이 식어 응고한 것인데, 이는 각종 짐승에게 물린 데 바르면 좋고, 치질·부스럼의 고통을 멎게 하고, 부은 것을 가라앉히고, 화농지혈(化膿止血)에 매우 효험이 있다. 또 구역질하는 모든 병에 먹으면 좋다.

호안환(虎眼丸)

호랑이 눈알 한쌍을 약간 볶은 것을 물소 뿔 긁은 것 등과 함께 가루로 만들어 꿀로 갠 환약을 따끈한 술로 매 식후 복용하면 간질 및 정신병자에게 특효다.

삼편주(三鞭酒)

호편(虎鞭), 녹편(鹿鞭) 한 개, 인삼 등과 사람의 포태(胞胎) 한 개를 잘게 썰어 술에 담아 봉해, 땅속 일곱 자 깊이에 칠일간을 묻어 두어 쓴다.

호골주(虎骨酒)

호경골을 누렇게 구워서 빻아 누룩, 쌀과 버무려 담근 술 또는 호경골을 우려낸 술을 말하는데, 역절풍, 견비통, 신허(腎虛), 방광이 시린 통증을 다스린다. 호경골을 담그는 술 형식은 여러 가지가 있다.

오골건보주(五骨健步酒)

남자의 정력을 더하고 양기를 돋우며, 허리 팔 다리를 활발히 하며, 신경통, 연골증도 치료하며, 남녀노소 할 것 없이 골고루 좋다. 만드는 방법은 호경골 한 근과 사슴, 오골계, 소, 산양의 경골 한 근씩을 으깨 볶아 가루로 만들고 술에다 타서 쓴다.

이외에도 허선호골주(許仙虎骨酒), 호골추풍주(虎骨追風酒), 호위주(虎威酒), 중국 황실비방이라고 하는 '종합호골추풍주' 등이 있다.

정력에 집착하는 사람이나 술꾼의 부인들이 호랑이의 배설물(똥)이 단주(斷酒)에 특효라고 해서 가끔 찾는다고 한다. 호랑이의 실제 모습에다 상상과 관념이 흔히 약효로서도 이어지는 것을 볼 수 있다. 강한 앞다리 등의 신체적 연상과 더불어 벽사(辟邪) 주술이 동원된 사례다.

호랑이에게 물린 데 치료

한말 의사와 선교사로 한국에 와서 나중에 주한 미국공사를 지낸 알렌은, 한국에 와서 제일 처음 집도한 수술은 호랑이에게 물린 곪은 팔을 손보는 것이었다고 그의 ≪조선견문록(朝鮮見聞錄)≫에 쓰고 있다. 그 만큼 한말까지 호환의 피해가 컸음을 전해준다.

호랑이에게 물린 데는 생닭이 약이라는 말이 있다. 닭이 울면 날이 새니 호랑이 사냥도 끝이어서 닭과 상극이고, 호랑이가 제일 무서워하는 것은 닭이라는 말이 있다. 범에 크게 다쳐 살아났는데, 다친 머리에 덮느라 큰 닭 두 마리가 소용되었다는 해학적인 옛이야기도 있다.

호랑이에게 물리면 먼저 청주 한 사발을 마시고, 백반을 가루로 하여 물린 상처에 넣고, 사탕물을 한 두 사발 마시고 상처에도 바른다. ―<동의보감>

호랑이에게 물려 곪은 데에 삼베를 단단하게 말아서 대나무 통에 넣고 그 한쪽을 태워 곪은 데를 향하고 불어 훈기를 닿게 한다. ―<본초강목>

호랑이에게 물리면 늘 술을 내려서 대취(大醉)하거나 부추즙을 내어 하루 세 번 한 되를 마시고 찌꺼기를 붙인다. 범과 이리가 문 데는 생닭의 고기를 먹고 또 생칡즙을 마시고 이것으로 또 씻는다. 또 부인의 월경대를 태워서 그 재를 술에 타서 먹는다. 곪은 데에 마른 생강가루를 넣는 것이 묘하다. 범이나 곰에게 물린 데는 생철(生鐵)을 진하게 달여서 그 물로 씻고, 또 범이나 곰의 발톱에 다친 데는 날밤을 씹어서 붙인다고 전해진다. 이런 점을 미루어보아 호랑이의 생태적 특징을 빌려 민속치료와 호랑이 속신까지 만들었던 것이다.

제3장. 호랑이의 신화적 성격과 신앙형태

호랑이는 기층사회에서 흔히 산군자(山君子), 산령(山靈), 산신령(山神靈), 산중영웅(山中英雄) 등으로 불리었다. 호랑이의 형상은 선사시대 청동기와 암각화(巖刻畵) 등에서부터 나타난다. 그 맥락을 이은 신라 토기에서도 말, 사슴 등의 짐승과 더불어 호랑이의 형상을 선각(線刻)으로 새겨 놓고 있다. 이는 대체로 수렵 시대에 풍요를 기원하던 의식에서 비롯된 상징적 발상이다. 고분 벽화와 석관에 새겨진 사신도(四神圖) 중에 백호(白虎)가 보인다. 이는 서방을 수호하는 상징 신수(神獸)이다. 신이한 동물로서 호랑이가 호국적 의미로 쓰인 것은 삼국시대를 거쳐 통일 이후라고 보여진다.

<단군신화>의 호랑이는 곰과 더불어 사람이 되고자 원했으나 조급하여 금기를 지키지 못해 실패했다. 이를 부족 토

템으로 보아 호랑이 부족은 곰 부족과는 달리 환웅 부족에 반발하여 반골의 혈통으로 지속되었다고 볼 수 있다. <단군신화>의 문맥을 사실 위주로 해석하여 여기에 등장하는 곰과 호랑이를 부족의 토템사회의 상징물로 보는 경우가 있다. 곧 곰 토템사회가 호랑이 토템사회를 흡수하여 이 땅의 주인이 되었다는 논리다.

일본 건국신화와 비교할 때 이런 사실이 더욱 분명한데, 호랑이의 진보적 성향은 선진 문화의 성향을 띤 환웅 부족에 동화되지 못했음을 보여준다. 호랑이는 우리 민족사에 '반골적 상징'으로 내재화된 듯하다. <단군신화>에서 호랑이에 대해 어떻게 했다는 기록이 없는 데다가 일본신화와 비교해 보더라도 호랑이의 정체는 진보적 성향으로 역사의 이면에 지속되었다고 생각한다. 또 고유의 신앙이나 토착적 토템이 외래종교와 융화되어 가는 모습으로도 설명할 수 있는 대목이다. 지금도 퉁구스계 골드족은 그들의 조상이 호랑이와 혼인해서 후손이 번식했다고 믿고 있다. 또 중국 남부 백족과 토가족(土家族)은 인간인 여자가 호랑이와 혼인하는 호서형(虎婿型)동물숭배 설화를 가지고 있다.

이같은 호랑이의 원초적 모습은 문헌자료든 구비자료든 민중의 삶 속에서 다양한 사례로 전승되고 있다. 호랑이 신앙은 민간신앙으로 널리 자리잡고 있다. 특히 강원도 산간지역에는 산멱이 신앙과 연결되어 전승되고 있다. ≪오주연문장전산고≫에는 "호랑이를 산군(山君)이라 하여 무당이 진산

(鎭山)에서 도당제를 올렸다."고 하였다. 각 지방마다 신봉하는 산신당에 있는 산신도(山神圖)의 호랑이도 산신격이거나 산신의 사자(使者) 노릇을 하여 숭배 대상이 되었다. 그림에는 백발 노인이 호랑이를 거느리고 있는 모습이 그려져 있다. 그림 자체로 보면 호랑이는 마치 산신의 사신인 듯한 인상을 주지만 실제로는 호랑이를 산신으로 보는 경향이 짙다. 은산별신제의 상당에 모신 신격 중 가운데 산신과 호랑이가 함께 있는 것도 호랑이 숭배와 산악 숭배 사상이 융합되어

◇ 영월 보덕사의 산신각에 있는 단종상과 호랑이

민중에게 신수(神獸)로 만들어진 데서 연유한다.

　고대의 동물숭배 신앙에 부합된 호랑이의 신화성은 후대의 문화적 변모 과정을 거치면서 변용·굴절되어 표현되었다. 호랑이 토테미즘은 인간이 호랑이기도 하고, 호랑이가

인간이기도 하다는 인식이 사회제도와도 관련해서 관습화된 것이다. 호랑이를 의인화하는 상상력과 그를 통한 정치적 함축화는 원시종교적인 사고이지만, 문화의 양식화에 지속적인 영향을 미쳤다. 예컨대 호랑이 모습을 변용하여 인간의 이치에 빗대어 표현했고, 심지어 전설이나 산신각의 인물화를 통해 진실을 말하는 상징적 매개체로 나타났으며, 구룡포의 범굿처럼 호랑이 잡는 과정을 놀이화하기도 하였다.

호랑이의 본래 관념은 불교와 같은 외래신앙이 유입된 이후에도 불교 관념까지 습합되어 원초적 기능을 잃지 않고 있다. 호국의 상징물이나 산신각의 사자(使者)로 대접받는 대상물이 그것이다. 특히 사찰의 산신각에 호랑이 모습은 산신을 보좌 또는 대리자로 인간의 길흉화복 관장에 대한 사려 깊은 모습을 하고 있다. 이런 모습이 더욱 민간화되면서 병귀(病鬼)나 사귀(邪鬼)를 물리치는 부적과 같은 상징물로 나타난다. 예컨대 범 그림이나 '호(虎)'자 부착, 단오날에는 궁중에서 나눠주었다는 쑥으로 만든 호랑이에서도 이 같은 뜻을 찾아볼 수 있다. 호랑이의 주술성(呪術性)은 표현 민속의 지속성과 관련이 있다.

이러한 탓으로 호랑이에 관한 민중의 사고방식은 신화적 요소인 신성성에서 점차 인간성(人間性)을 강조하는 쪽으로 변모하였다. 호랑이의 풍모와 행동과 성정(性情) 등은 인격화되어 일상적인 표현으로 나타났다. 호랑이와 관련된 언어 전승은 호랑이가 짐승의 영물이면서 그 영물의 용맹성 때문에 주변의 인간미가 투영됨으로써 미화되어 있다. 호랑이 본연의 지식보다 호랑이에 연상되는 관념에 따라 교훈 또는 주술(呪術)에까지 승화된 양상을 보여 주고 있다. 산의 군자로서 호랑이는 엎드려 있어도 모든 헤아림이 그 속에 있다. 엎드린 자세에서 신지(神知)를 받아 인간의 길흉화복을 관장하고 그에 대한 대책을 헤아리고 사려깊은 모습을 지니고 있다. 그래서 최남선 말대로 "조선은 호담국(虎談國)이라 할 만큼 범 이야기의 특수한 인연을 가진 곳" 인지도 모른다. 따라서 호랑이의 민속적 심상(心象)을 통해 민중의 공통된 관심사 내지 인성(人性)을 추출해 보는 것은 문화사적으로 의의가 매우 크다.

호랑이는 두 가지의 입장에서 신앙되는데, 첫째는 민중을 보호해 주는 수호신(守護神)의 상징으로 둘째는 가해하는 두려운 존재로서 호환(虎患)을 예방하기 위해 신앙화된 경우다. 호랑이의 신격화는 반면이 자유로운 존재라고 인식하는 것과 반면이 맹수로 두려운 동물이라고 인식하는 데서 비롯된다. 특히 호랑이의 수호신화는 호랑이를 이른바 산신, 동신(洞神)의 상징이라고 믿는 인식체계에서 나왔으며, 또한 집단의 안위를 위한 공동제의에서 희생으로 바쳐지는 중요한 종교적 의미를 부여하는 데서 만들어졌다. 민중은 호랑이를 일반적으로 산신의 화신 또는 사자라 믿어 경외한다. 호랑이가 마을을 지켜주고 마을의 진산을 지켜주는 대상물이라고 사유해 온 것이다. 호랑이의 희생적 제의는 민중의 정신적 결속과 공동체의 유대감을 가져오는 원시종교적 의례다. 일상에서는 벽사용(僻邪用)의 호인형(虎人刑)을 통해 악기(惡氣)를 막는 힘을 가졌다고 믿어 왔으며, ≪후한서(後漢書)≫ 동이전(東夷傳)의 예(濊)의 "우사호이위신(又祠虎以爲神)"에서 보듯 호랑이의 주수(呪獸) 신앙이 보편화된 것이다.

◇대관령 국사당 호랑이 그림

이러한 호랑이 숭배사상은 산악숭배사상과 융합되어 산신신앙으로 자리잡게 된다. 곧, 산을 숭배하는 사상은 산소에 사는 숭배의 대상인 호랑이와 연계되어 산신이 호랑이로 표현되는 것이다. 호랑이를 별칭하여 산군·산군자(山君子)·산령(山靈)·산신령(山神靈)·산중영웅(山中英雄)이라고 부르는 데에도 이러한 사고방식이 엿보이고 있다. 생존해 있는 심마니들은 호랑이를 산신령으로 깍듯이 대접하고 있다. 그러나 산신을 모셔놓고 산신당에는 호랑이가 산신의 사자로 묘사되기도 하고, 호랑이 자체가 산신으로 모셔지기도 한다. 산신도에 묘사되고 있는 호랑이는 무섭고 사납기보다는 점잖고 친근하게 표현되고 있다.

호랑이의 자세도 공격적이거나 서 있기보다는 산신의 옆 또는 앞에 다소곳이 엎드려 있는 것이 대부분이다. 이러한 호랑이의 엎드린 자세는 산신도에서의 호랑이 의미를 잘 나타낸 것이라 할 수 있다. "산의 군자 호랑이는 엎드려 있어도 모든 헤아림이 그 속에 있다."라는 말에서와 같이, 호랑이의 엎드린 자세는 산신의 신지(神知)를 받고 인간의 길흉화복을 어떻게 관장할 것인가를 헤아리고 있는 사려 깊은 모습을 나타낸 것이라 할 수 있다.

다소곳이 엎드려 길게 다물고 있는 입 양쪽으로는 상서로운 동물의 상징인 토치(兎齒)를 자랑스럽게 드러내고 있으며, 호랑이의 기상과 기개를 나타내는 꼬리는 소나무 사이로 길게 뻗어 구름 속까지 닿게 하며 화면 전체에서 대각선을 이루고 있다. 눈은 왕방울만하게 그려 전체적으로 아래로 내려뜨린 모습이며, 파란색 금박으로 눈동자를 박아 어둠 속에서 신비스러운 빛을 발하게 하고 있다. 이러한 호랑이의 모습은 위엄이 있으면서도 애교가 있고 신성한 영물로서의 분위기와 함께 친근한 시골 할아버지 같은 분위기를 동시에 나타냄으로써 확실하게 선과 정의의 편에 선 인간적인 모습을 보여 주는 데 성공하고 있다. 더구나 백호(白虎)는 상서롭다고 하여 절대 신성시하였다. 용인 자연농원에서 아기 백호가 탄생했다고 강조한 것도 이와 뜻을 같이한다.

이런 점에서 호환의 예방으로 신앙되는 호랑이 신앙은 호랑이를 경외하여 피해를 예방하려는 소극적인 입장의 신앙형태와, 호랑이를 퇴치하기 위한 적극적인 신앙으로 구분된다. 호환의 예방을 위하여 민간에서는 범굿을 행하기도 한다. 호랑이 탈춤은 평남 평양지방에서 연희되었던 동물놀이다. 이 춤은 고려시대의 평양성을 중심으로 이어져 오다가 중간에 사라진 것인데, 호랑이 무리 탈춤이 이루어진 축제행사의 일종이다. 사물장단과 서도창을 반주로 하여 백호 10마리, 황호 10마리, 아기 호랑이 3마리 등 23마리의 호랑이가 인간을 보호하는 영물로 서로 어울리고, 동물의 왕자이며 인간과 가장 가까운 동물로서 평화를 수호하는 의연함을 놀이화한 것이다.

실제로 범놀이는 충남 청양지방에서 마을의 동제형태(洞祭形態)로 전승되고 있다. 매년 정월 대보름날 청양군 적곡면(赤谷面) 적곡리(赤谷里) 도림(道林)마을의 농민들이 주축이 되어 거행하는 놀이다. 옛날에는 천신(天神)에게 비는 제향에 뿌리를 둔 놀이였으나, 시간이 지남에 따라 마을에서 재난을 몰아내고 그 해의 풍년을 기원하는 성격의 놀이로 변모되었다. 범놀이는 두 사람의 허리를 구부리게 하고 그 등위에 멍석을 뒤집어씌운 다음 흰 헝겊과 검은 헝겊을 찢어서 멍석위에 흑백(黑白) 줄무늬를 붙이고 또한 짚과 헝겊을 섞어서 머리와 꼬리를 만들어 작대기 끝에 잡아맨다. 그리고 머리는 멍석 안의 앞사람이, 꼬리는 멍석 뒤의 뒷사람이 잡게 하여 이것을 호랑이라고 부른다. 호랑이는 원래 우리 나라에서 산신령(山神靈)의 사자(使者)이므로 산신령의 사자를 가칭하여 놀이가 시작되는 것이다.

 멍석을 뒤집어 쓴 두 사람이 호랑이가 되는데 그 앞에 호랑이를 몰고가는 호장이 서고, 호랑이 뒤에는 사람들이 따르는 진행방식이다. 이렇게 해서 그들은 멍석을 뒤집어 쓴 호랑이를 앞세우고 마을 집집을 방문하면서 농악을 울리며 홍겹게 논다. 이 때 집집마다 들르면서 호장은 "산신령 문안이요." 하고 소리치면 집안에서 대기하였던 주인이 나와서 영접을 한다. 일종의 마당밟기에서 보여주는 호랑이 부르기는 호랑이를 벽사진경(辟邪進慶)으로 상징하여 온갖 잡귀를 물리친다는 속신관념에서 나온 것이다. 독감이 걸렸을 때 '범왔다'는 소리를 세번 외쳐 도망가게 했던 것도 이와 맥락을 같이 한다. 호랑이가 앞장서서 뒤껼으로 가서 장독 가까이에서 앞발을 들고 머리를 끄덕인다. 뒤따라온 농악이 장광을 빙빙 돌면서 풍장을 치면 집주인이 음식을 장만한다. 마을 사람들은 농악에 따라 홍겨웁게 춤을 추고 간단한 음식과 술을 그 자리에서 먹고 마신다. 다른 마을을 돌다가 샘이 있으면 그 자리에서 샘제까지 지내는데 샘물속에 흑백의 줄을 잘라서 넣어준다. 산신령이 액운을 없앤다는 뜻으로 샘제를 지낸 후에 그 장소를 찾아서 마을 사람들이 술과 음식을 차려낸다. 술이 나오면 호랑이가 앞발·뒷발을 올렸다 내렸다 하면서 흥겨움에 춤을 추고 마을사람도 따라서 춤을 추며 밤새 마시고 노는 것이다. 이렇게 정성을 다하여 거행하면 마을에 행운이 돌아오고 그렇지 못하면 마을에 큰 재난(災難)이 일어난다고 한다. 또 범굿은 동해안 지역에서 별신굿 같은 큰굿을 할 때 12거리 이외에 곁들여서 하는 굿인데, 호탈굿 또는 범탈굿이라고도 한다. 호신(虎神)을 모신 서낭굿에서는 제물로 개를 썼고, 쇳소리 나는 행위는 가능한 금기했다. 다만 제의에서 놀이로 전환된 탈춤에서는 이런 측면이 많이 제거되었다. 호랑이를 신수(神獸)로 인식하여 연행하는 경우는 울진 일대의 범굿이나 경기도 일대의 호영산호대감굿이다.

범굿은 범한테 물려 죽은 사람의 영혼을 위로하고 호환을 예방하기 위해서 하는 것으로 굿은 대체로 다음과 같은 세 가지의 계기가 있어야 한다. 첫째 사람이 범한테 잡아 먹혀서 시신을 찾지 못했을 때 시신을 찾기 위해서, 둘째 사람이 범한테 잡혀 먹히는 것을 사람들이 쫓아가 시신을 빼앗아다가 매장하고 나서, 셋째 옛날에 범한테 물려가 죽은 사람이 있을 때다. 이상 세 가지 굿 중의 어느 하나와 관련이 있는 마을의 별신굿에서는 주민들이 반드시 범굿을 해야 하는 것으로 믿었다. 범굿을 전승했던 대표적인 지역은 경북 영일군 구룡포읍 강사리로 알려져 있다. 별신굿의 일종으로 호랑이에게 물려죽은 넋을 위로하고, 호환을 방지하기 위해 쇠머리를 뒷산에 묻는 의식을 치른다.

대개 야외의 모래사장 같은 곳에서 하는데 대부분의 경우 밤중에 모닥불을 피워놓고 소나무 가지 등을 꺾어다 주위에 꽂아서 산간인 양 꾸민다. 이 놀이에 등장하는 인물은 범·포수·대주·무당·악사 등이다. 범역은 검고 붉은색 바탕의 탈을 쓰는데 안면에 눈과 입을 뚫고 이빨을 그렸으며 귀를 만들어 붙인다. 안면은 마분지 같은 두터운 종이로 만들고 갈기는 검은 색·붉은색·흰색의 창호지를 오려 늘어뜨리며 몸체를 한지로 만들어 씌우고 끝에 꼬리를 붙인다. 포수는 평복에 감발을 하고 등에 망태를 짊어지며 총을 메고 등장한다. 대주는 주로 동네 어른이나 책임자·이장 등이 맡는다. 무당이 열심히 춤을 추는 장면에서 놀이가 시작된다. 범은 굿 마당가에서 서성거리며 때로 소나무 밑에 숨어 모래나 자갈을 춤추는 무당에게 끼얹는다. 한참 이럴 때 포수가 등장하여 총을 흔들면 긴장이 감돌게 되며 반주 음악이 그친다. 포수와 악사 사이에 대화가 오간다. 포수의 대화 역시 굿거리 사설의 일부분으로 무당들 특유의 리듬과 말투로 진행된다.

한편 포수는 범을 잡기 위해 대주와 만나 인사를 나눈 후 중중몰이 창으로 노래를 부른다. 포수의 창은 지극히 격식화된 한문투의 가사에 자신의 의지를 곁들이는 내용이다. 창이 끝나면 범사냥이 시작되고 포수의 총에 드디어 범이 쓰러진다. 범이 쓰러지면 "여산대호를 작고 보니 모군 모동 앞날에 아무 허물없게 되니 이런 경사 또 있겠나. 얼씨구 절씨구." 하면서 다시 포수의 창이 이어진다. 포수는 칼로 호랑이 배를 째고 대주는 호피(虎皮)를 사는 모양으로 쪽지를 포수에게 건낸다. 이로써 호환을 없애는 굿놀이가 모두 끝난다.

◇ 석수의 호랑이 대관령 민속박물관

호랑이 관련 제의는 호환(虎患)의 예방으로 신앙화된 현상에서 나왔다. 호랑이를 사전에 쫓는 예방적인 소극의례와 호랑이에게 피해를 입고 입은 이것을 퇴치하는 적극의례가 있다. 범굿은 두 가지를 동시에 지닌 의례가 보여지나, 전자보다 후자가 가깝다. 동해안 일대 제보자들은 호환이 있었던 마을에서 별신굿할 때 반드시 범굿은 해야 한다고 믿고 있다.

이처럼 호랑이를 신으로 삼아 제사를 지내거나 호랑이를

상징화하여 놀이했더라도 그 대상의 주체는 호랑이의 신격화에 있다. 강릉단오제의 여서낭님은 강릉 정씨 처녀라고 한다. 옛날 정씨 집안에는 나이찬 딸이 있었는데 하루는 그 아버지 꿈에 대관령 서낭이 나타나 장가오겠으니 딸을 달라고 청하는 것이었다. 정씨는 인간이 아닌 서낭을 사위로 데릴 수 없다고 하여 거절하였다. 그후 어느날 호랑이가 와서 딸을 데리고 달아났다. 가족들이 대관령에 가보니 처녀는 서낭과 함께 서 있는데 이미 죽어 있는 상태였다. 그런데 시신이 붙어서 떨어지질 않았다. 결국 정씨 집안에서 화공을 불러 화상을 그려 세우니 비로소 처녀의 몸이 떨어졌다. 그날이 4월 15일이어서 지금까지 이날을 기해 여서낭당에 대관령 서낭을 모셔다가 두 분을 함께 제사지내고 있다. 오늘날 강원도 삼척시 근덕면 갈남리 '백호(白虎)서낭당'에서 호랑이를 주신(主神)으로 모시듯이 한국인에게는 잠재적으로 호랑이의 신앙성이 강하다. 통시적으로 보았을 때 신앙화하는 방식에는 차이가 있으나 대체로 고대 신화시대의 산물이 무의식으로 지속되고 있음을 볼 수 있다.

제4장. 설화에 나타난 호랑이의 의미

문헌설화에는 상층의 호랑이 인식이 나타나 있고, 구비설화에는 하층의 호랑이 인식이 나타나 있다. 상층보다 하층에서 호랑이를 숭배하거나 해학적으로 즐긴 흔적이 많다. 신화에는 호랑이 숭배신앙과 연결되어 신성성을 강조하고, 전설에는 호랑이 바위나 지명을 통해 역사의식이 반영되고 민담은 대체로 호랑이와 사귀거나 호랑이 때문에 야기된 사건을 경험담의 형태로 전승된다.

옛날 어느 어머니가 등너머 어떤 장자(長者)집에 방아품을 팔러 갔다가 묵을 얻어 가지고 밤에 집으로 돌아왔다. 도중에 산모퉁이에서 호랑이을 만났다. "묵 좀 주면 안 잡아먹지"하기에 한 개를 주었다. 조금 있다가 또 나와서 같은 요구를 하였다. 이것이 자꾸 거듭 되다 보니

하였고, 또한 친구들간에도 똑똑하여 누구에게 지는 일이라곤 없었다. 그렇다고 골목대장 노릇을 하는 것도 아니며, 언제나 현명한 판단을 할줄 아는 아이가 되었다. 그러나 불행히도 아이가 다섯 살 되던 해에 아버지를 잃었다. 그는 편모 슬하에서 자라나면서도 역시 못된 짓이라곤 전혀 하려 들지 않았다. 오직 어머니만을 모시고 착실하게 살아갔다. 어머니는 아들 덕분으로 시름을 잊고 살았으나 사람에게 찾아드는 늙음과 병과 죽음을 어쩔 도리가 없었다. 나이가 너무 많아진 어머니는 그로 인해 여러 가지 병을 겹쳐 앓고 있었다.

아들은 사방팔방으로 좋다는 약을 구하러 다녔다. 그러던 어느해, 겨울 바람은 쌩쌩 쇳소리를 내며 불고 하얀 눈은 길길이 쌓여 밖에 나다니는 사람조차 드물 때 병중에 있는 어머니는 때없이 딸기를 찾았다. 어머니는 아들이 고생하는 것을 좋아할 리 없었으나 먹고 싶은 욕망은 염치없는 사람으로 만들었다. 아들은 지금은 틀림없이 딸기 없는 계절이라는 것을 알고 있었으나, 어머니의 마음을 모른 체 할 수는 없었다. 그는 주저앉아 있지만은 않았다. '지성이 있으면 하늘이 도운다는데, 이 눈투성이 세상 어디에라도 혹 딸기가 있을지도 모르지.' 그가 집을 떠나서 여기저기 헤매다닐 때 뜻밖에도 얼룩덜룩 줄무늬를 한 호랑이가 나타나 그의 등에 타라고 했다. 그는 두려움보다는 딸기를 얻을 수 있을지도 모른다는 예감에 얼른 올라탔다. 눈보라 속 어디인지도 모르는 곳을 호랑이 등에 얹혀 달렸을 땐 정신이 얼떨떨했다.

그가 정신을 차리고 보니 그가 와 있는 곳은 겨울이 아니라 항상 봄 날씨같이 따뜻하고 새가 울고 꽃이 피는 별천지였다. 그리고 앞에는 한 점잖은 사람이 그를 바라다보며 앉아 있었다. 그 사람은 자초지종을 듣고 난 후 한쪽을 가리키며 말했다. "당신의 효심을 짐작하겠소이다. 이 얼음투성이인 겨울에 딸기를 찾아나선 당신의 용기에 감탄하였소. 자, 여기 딸기밭에 잘 익은 딸기가 얼마든지 있으니 마음대로 가져가시오." 그는 빨리 어머니께 딸기를 드리고 싶은 마음에 인사도 제대로 못하고 딸기를 가지고 길을 찾아 나섰다. 그때 호랑이가 그를 태워 순식간에 그의 집에다 데려다 주었다. 어머니는 그것을 먹은 후 생기를 얻어 병을 고쳤고, 또 다시 여러 가지 일을 할 수가 있었다. (신인호 이야기)

호랑이 동화에 나오는 정의형의 호랑이는 대상 민담 '효성스런 호랑이' '시부 살린 효부' 등 처럼 주인공이 선량하고 온후 착실하나, 난관에 봉착하였을 때는 언제나 어김없이 나타나서 이를 도와 그것을 초극하게 하거나 소원 성취를 시켜 준다. 이른바 정의편 양심편에 서서, 인정을 베풀어 이를 두호하거나 강조하는, 군자풍이나 기사 정신을 발휘한다. 이로 인해 정의나 양심이나 선이 성공하는 교육적인 민담이 된다. 다만 이 정의형의 동물들이 효자·효녀·효부들의 효성에 치중되어 있는데, 이것은 충효 사상이 옛사회의 근본 도덕이었음을 증좌하는 것으로, 그 당시로선 당연한 귀결이라 아니 할 수 없다. 아무튼 호랑이의 성격으로 용맹형에 이어 정의형이 많은 것은 우리 인간 사회의 의표를 호랑이에 가탁해서 풍자한 것이라 믿어진다.

백수지장(百獸之長)인 호랑이의 의연한 성격을 차용하여 인간 사회의 권력 구조였던 귀족이나 특권 계급들의 비인간적인 만행이나 타락에 우회적인 일침을 놓고 그와는 반대로 약한 서민에게는 구원의 따뜻한 손길을 뻗거나 행동 거지의 이상적인 귀감을 제시해 주었다고 볼 수 있다. 그러므로 이 정의형의 호랑이가 등장하는 민담은 호랑이 이야기 중에서는 가장 교육적이요 건전한 이야기임에 틀림없다. 바꾸어 말하면, 동물담 중의 가장 이상형이라고 말할 수 있겠다.

다음으로 보은형은 대상 민담중 '효부와 호랑이'를 제외하면 '호랑이의 보은', '범의 보은'들처럼 목에 가시나 비녀가 걸려서 고생하던 호랑이를 구원해 주자, 이에 대한 갚음을 하는 것으로 되어있다. 아무튼 배은 망덕이나 은혜를 입고도 몰염치하게 지내는 인간사회에 일대 경종을 울리는 민담이므로, 이런 보은형의 민담도 교육적인 이야기라 할 수 있다.

2. 잔인해서 잡아먹기형 이야기

호랑이가 인간을 잡아먹어 버리는 것이 주 내용으로 되어 있다. 이것도 결과에 있어서는 삼켜버린 인간이 되살아 나는 것과 죽임을 당하는 두 가지 유형이 있다. 인간 중에는 호식(虎食)당할 운명을 타고 난 사람이 있다는 속신관념이 밑바탕에 깔려있을 만큼, 과거에는 호랑이에게 희생당한 사람도 많았다는 것을 알 수 있다. 그런데 끝마무리에 가서 초인적인 힘에 의해 구조받거나 인간의 지혜로 위기를 모면한다는 것이다. 잔인해서 잡아먹기형은 호랑이의 기상과 위품으로 상승되어 곧잘 작품으로 형상화되어 나타나는데 그 대표적인 것이 박지원의 <호질(虎叱)>이라고 할 수 있다. 야만성은 '의(義)'라는 이념을 통해 용맹성으로 바뀐 것이다. 호랑이의 위엄성을 통해 인간의 이중적 인격을 풍자하는 도구로 사용한 사례다.

① 잡혀 먹을 운명이었으나 신의 힘으로 또는 인간의 기지로 모면한다.

어떤 청년이 절에서 수도를 하고 있었다. 도승으로부터 자기 부인이 호환을 당할 것이라고 귀뜸을 받는다. 그는 ≪금강경≫을 완독하는 길만이 생명을 구할 수 있다고 생각하였다. 호랑이가 나타났다. 청년은 독경을 계속했다. 호랑이는 세 번이나 부인을 향해 덮쳤으나 성공하지 못하고 돌아갔다. (우계홍, 1996)

② 잡혀 먹을 운명을 인간의 기지로 모면한다.

옛날 옛적 어느 때 선비 두 사람이 괴나리 봇짐을 메고 과거를 치르기 위하여 서울로 향해 걸어가고 있었다. 이른봄이라 날씨는 아직 쌀쌀하고, 낮은 짧은 지라 해는 벌써 서산에 뉘엿뉘엿 넘어가고 있었기 때문에 걸음을 빨리하고 있었다. 무인지경인 산골길을 백 리나 걸어왔으므로 몸과 마음은 피곤할 대로 피곤하였고, 더우기 시각은 황혼녘이었다. 그들은 피곤한 몸을 쉬일 조그만 주막집이라도 빨리 나타나 주었으면 하고 바랐으나 산 속에 주막집은 좀처럼 보이지 않았다. 이들은 더욱 힘을 모아 얼마를 걷자니까 멀리 산모퉁이에 희미한 불빛이 보였다. 그들은 너무 기뻐서 지금까지의 피곤도 잊고 한달음에 그집에 다다랐다. 다 기울어져가는 조그만 집이었지만 그래도 주막인 듯 벌써 손님이 들어 있었다. 그들은 여장을 푼 뒤 저녁을 먹

◇ 호랑이 등장인물(신문란)

고는 곧 잠이 들어 버렸다. 이들보다 먼저 온 손님은 한 노인네였는데 다른 방이 없었기 때문에 세 사람은 함께 잘 수밖에 없었다. 그 노인은 얼마를 자고 일어나니 벌써 삼경이 넘어 있었다.

　노인네들은 잠이 적고 한 번 깨면 다시 들기 힘들어 일어나 앉아 어둠 속에서 담배를 피워 물고 앉아 있었다. 할 일도 없어 하염없이 문만을 바라보고 있노라니 뚫어진 창호지 사이로 수천 년이나 묵었을 듯한 호랑이가 방 안을 엿보고 있었다.

　노인은 얼른 담배를 끄고 누워 창호지만을 주시하였다. 호랑이는 방안을 들여다보기를 그치더니 자기 꼬리를 자근자근 씹었다. 그러니까 고리에서 하얀 옷을 입은 여인이 나오더니 방문을 살며시 열고 방안으로 들어왔다. 노인은 너무 놀라서 눈을 조금만 뜨고 누워 자는 체했더니, 여인은 가슴에서 하얀 기를 꺼내어 가운데 누워 자는 사람의 잠자리 밑에 놓아두고 밖으로 나가 버렸다. 이 노인은 겁이 나고 또한 이상하게 생각되어 재빨리 일어나 그 하얀 기를 다른 곳으로 감추어 버렸다. 그러자 곧 호랑이가 방안으로 들어와 흰 기를 찾았으나 가운데 누운 사람 자리에 없으므로 화를 내며 밖으로 나갔다. 그리곤 다시 꼬리를 자근자근 물어 여인을 불러내어 호통을 치는 것이었다. 그 여인은 용서를 비는 듯이 여러 번 잘못되었다고 두 손 모아 빌고 나서는 다시 방안으로 들어와 이번에는 푸른 기를 가운데 사람한테 두고 나가 버렸다.

　노인은 아까와 같이 다시 그 기를 감추어 버렸고, 방 안으로 들어온 호랑이는 기를 찾을 수 없으므로 더욱 화를 내고 나가 버렸다. 다시 꼬리를 씹더니 소복한 여인을 불러내어 눈을 부릅뜨고 야단쳤다. 여인은 눈물을 흘리며 머리를 조아려 용서를 빌었다. 호랑이는 한참만에야 머리를 끄덕이며 다시 한 번 방으로 들어가라고 시늉하였다. 여인은 다시 들어와 가운데 사람에게 붉은 기를 놓고 나가 버렸다. 노인은 이번에도 재빨리 붉은 기를 감춰 버렸다.

　호랑이는 이번에는 틀림없이 사람을 잡아먹을 수 있겠지 하고 들어와 흐뭇한 웃음을 띠며 기를 찾았으나 역시 보이지 않았으므로 벌컥 화를 내며 밖으로 나가 천지가 진동하는 듯한 큰 소리로 울더니 문을 마구 뜯기 시작했다. 창호지가 발린 다 떨어진 문짝이야 금방 호랑이의 발톱에 찢어졌으나 그 때에 첫닭이 울기 시작하였다. 그 소리를 듣더니 성난 호랑이는 절망의 표정으로 울며 멀리 산속으로 사라져 버렸다.

　두 선비는 너무 피곤했던 관계로 밤중에 일어났던 무섭고도 기괴한 일을 알지 못한 채 아침에 일어났다. 그러나 노인은 창백한 얼굴로 앉아 있다가, “선비네들, 큰일 날 뻔했구료” 하고 밤중에 일어났던 일들을 모두 이야기하였다. 그들은 왜 호랑이가 가운데 사람에게만 기를 놓아 둔 뒤 잡아먹을까 하고 이상하게 생각하였다. “무서운 일이었지만 호랑이는 기가 없으면 방을 열고 들어오지 못하고 잡아먹지도 못하는 모양이죠? 문을 뜯고 들어와야 되는 건가 봐요." 이 일이 세상에 알려지자 이야기가 퍼지고 덧붙여져서 가운데 누워 자는 사람은 호랑이가 물어간다고 하게 되었다. 지금도 시골에 가면 서로 가운데 누워 자지 않으려고 하는데, 이것은 두 선비가 당한 일을 연상하여 나온 것이다. (경북 영일군 동해면 발산동, 김영원 이야기)

③ 잡혀 먹었으나 다시 살아난다.

이 계통의 민담에는 <포수의 아들과 금강산 호랑이>라는 유명한 이야기가 있다. 호랑이 밥이 된 포수의 아들이 복수를 위해 사냥간다. 결국은 대호에게 먹혔으나 다시 대호(大虎)를 뚫고 나와 대성한다는 줄거리인데 너무나 잘 알려진 이야기다.

<해와 달이 된 유래>나 <수수알이 빨갛게 된 유래>등에서 어머니를 잡아먹은 호랑이가 세 자녀까지 잡아먹기 위해 집을 찾는다. 막내아이가 잡혀 먹힌다. 두 오뉘는 간신히 도망쳐 나무 위에서 신의 도움을 요청한다. 두 오뉘는 천상으로 가서 해와 달이 되고 호(虎)는 지상으로 떨어져 죽는다.

어느 한 곳에 정직하고 부지런한 포수가 살고 있었다. 그가 어느 따뜻한 봄날 사냥하러 산 속 깊이 들어갔다가 양지 바른 편편한 바위 위에서 그만 잠이 들어 버렸다. 그 바위 옆을 지나가던 호랑이가 이게 웬떡이냐 하고 물

어 가지고 그들 호랑이 식구가 사는 굴로 가져갔다. 호랑이 굴 조금 높은 자리에는 늙고 제일 커다란 호랑이가 눈을 부릅뜨고 앉아 여러 호랑이에게 노획물 처분에 대한 의견을 묻고 있었다. "얘들아, 이것을 어떻게 처리했으면 좋겠느냐? 여럿이 공평히 나눌 방법을 얘기하여 보아라." 여러 가지 의견이 분주히 오고 갔으나 결국 한 가지 의견에 낙착되고 말았다. "여럿이 나누자니 차례 돌아가는 것이 너무 적어 기별도 가지 않고 입맛만 버릴 것 같습니다. 그러니 아예 대장님께서 통째로 잡숫는 것이 나을 듯합니다." 결국은 그 의견에 모두 찬성해서 대장은 통째로 그 포수를 널름 삼켰다. 정신을 잃었던 포수가 눈을 떠보니 크고 기다란 복도같은 호랑이의 뱃속이었다. '이것이 틀림없이 호랑이 뱃속이렷다. 내가 이것을 아는 걸 보니 아직 죽지 않은 것은 틀림없는데 어떻게 빠져나가는 수는 없을까'라고 생각하였다.

그는 생각 끝에 주머니 속의 칼을 꺼내 호랑이 배를 조금씩 가르기 시작했다. 놀란 호랑이는 못먹을 것을 먹었나보다고 펄펄 뛰었다. 뛰어도 뛰어도 가시지 않는 아픔에 정신이 나간 호랑이는 닥치는 대로 물고 차고 뜯고 했다. 그러다 보니 호랑이들은 거의가 다 죽어 버리고 대장 호랑이도 기운이 지쳐 쓰러져 버렸다. 이때라고 생각한 포수는 배를 가르고 호랑이 뱃속으로부터 탈출하였다. 그리고 저희들끼리 죽어 엎어진 호랑이를 얻어 가지고 동네로 내려가 큰 부자가 되었다.

이 소식을 들은 욕심 많고 게으른 포수 하나가 자기도

부자가 되고 싶어 정직한 포수가 한대로 사냥을 나가 바위 위에서 잠을 잤다. 호랑이는 지나다 그를 발견하고 굴로 물고 갔으나 전번의 실패를 목격한 바가 있었기 때문에 그냥 삼키지는 않았다. 그를 토막토막 내어서 여러 호랑이가 나누어 먹었다. 일확천금을 힘들이지 않고 벌려고 호랑이 굴로 들어간 게으른 포수는 살 한 점 남지 않고 깨끗이 호랑이 밥이 되었다. (이형주, 이야기)

3. 어리석어 바보되기형 이야기

여기서는 호랑이가 어리석은 동물이 되어버려 작은 동물로부터 골탕을 먹는 대상이 된다. 희화성이 강하고 지극히 우화적인 민담이다. 어리석어 바보되기형은 주로 토끼와 여우에게 당하는 이야기가 많은데, 그 중에서 '호랑이를 물리친 토끼'유형과 '함정에 빠졌던 호랑이 다시 함정에 놓은 토끼'유형이 많다. 특히 약자들이 꾀로서 강자를 물리치는 동물담이 여기 속한다. 대개 동물민담에 많이 포함되고 있다. 흔히 호랑이가 여우를 잡아먹으려고 하자 여우는 자기는 신의 사자(使者)요, 숲속의 모든 동물들이 자기를 우러러 숭상하는데 자기를 잡아먹는다는 것은 얼토당토 않는 이야기라고 하면서 실지로 와 보라고 한다. 여우는 호랑이를 뒤에 세우고 동물들이 많은 곳을 통과했다. 동물들이 모두 혼비백산 도망간 것을 본 호랑이는 정말 여우가 무서운 존재로구나 생각하고 스스로 여우를 포기하고 가버렸다라는 어리석은 바보호랑이 이야기 유형이다. 대체로 이 유형의 호랑이담은 해학미를 바탕으로 웃음을 촉발시키고 있다.

① 호랑이가 토끼 꾀에 빠진다.

하루는 오랫동안 굶은 호랑이가 어쩌다가 토끼를 만났다. 배고픈 김에 잘 만났다고 눈을 부라리며 얼러댔다. "토끼야, 마침 잘 만났다. 나는 오랫동안 토끼의 보드라운 살맛을 보지 못했는데 오늘은 너를 만나 다행인 걸. 어쩔 수 없이 넌 죽어야겠구나." "뭘요, 아저씨 절 잡수시든지 말든지 맘대로 하세요 하지만 이 돌떡처럼 맛있고 배부른 것을 아저씨가 아시는지 모르겠어요. 제가 지금 막 맛을 보았는데 지금 죽는다 해도 한이 없을 정도예요 그런데 그놈의 것이 꼭 바둑돌같이 생겨서 어떤 게 어떤 건지 잘 분간할 수가 없잖아요. 게다가 또 화톳불에 구워 먹어야 제 맛이 나는 것도 모두 귀찮거든요. 호랑이 아저씨, 우선 그것부터 잡숴 보실까요. 그러시려면 가셔서 우선 삭정이를 주워 오세요. 굽기만 하면 우리들이 실컷 먹고도 남을 거예요."

한시가 급한 호랑이는 어느 틈에 화톳불을 지폈다. 모두 열 한개나 되는 굵고도 반드르르한 돌들이 빨갛게 달아오르자 간교한 토끼가 일렀다. "아참, 장없이 싱거워서 어떻게 먹나. 내가 마을에 가서 장을 좀 얻어 올께요. 아저씨, 제가 갔다 올 동안 하나도 건드리지 마세요. 모두 열 개 예요. 하나라도 없어지면 당장 알 수 있으니까요.” 토끼가 가버리자 호랑이는 더욱 배가 고파졌다. 분명히 열 한개인데 열 개라고 잘못 계산한 토끼의 실수를 행운으로 잡아 셈에서 빠진 떡 한개를 장 없이 먹다 들키는 창피도 당하지 않을테니 얼른 집어삼키기로 결심했다. 호랑이는 이글이글하는 돌멩이 떡을 꿀꺽 삼켰다. 결과는 뻔했다.

뜨거운 돌멩이를 삼키고 온전할 수 있는 동물이 몇이나 될까? 호랑이는 토끼를 원망할 새도 없이 물속으로 첨벙거리며 들어가 물을 마셨다. 몇 개월 후에 갈대가 우거진 넓은 마른 풀무더기에서 호랑이는 우연히도 그 토끼를 만났다. 배고픈 괴로움에다 복수할 마음이 보태어진 호랑이는 여러 말 할 것도 없이 토끼를 덮치려고 할 순간 토끼는 하물거리는 입을 열어 야불야불 호랑이 귀를 간질렀다. “호랑이 아저씨, 나도 볼 재미는 다 봐서 이 지루한 목숨이 끊어진대도 겁날 것 없어요. 그렇지만 내 생명과 함께 당신에게 제일 필요한 지혜도 없어지는 것이 좀 안됐을 따름입니다. 좀 진정하셔서 나에게 말할 여유만 주신다면 먹이를 찾으러 다니실 수고도 평생 면하실 테지요. 자 호랑이 아저씨, 보시다시피 여기엔 참새 떼들이 많이 날아와 다니잖아요. 내가 가서 이 벌판에 있는 참새떼들을 몰아다 드릴테니 머리를 젖히고 입을 따악 벌린 후 하늘만 쳐다보고 가만히 서 계셔요. 그리고 까딱없이 참새떼들이 호랑이의 입에 와 앉으면 그저 집

◇ 호랑이와 노는 토끼(민화)

어삼키기만 하시면 돼요. 사실 그걸 삼키기조차 바쁠 거 예요."

  호랑이는 토끼 한마리 가지고는 배가 찰 것 같지 않아 우선 참새를 먹은 후에 토끼를 먹기로 하였다. 그래 새빨 간 입을 따악 벌리고 하늘만 쳐다보고 있는 것으로 토끼 의 의견에 찬성한다는 표시를 했다. 토끼는 깡충거리면 서 가버렸다. 잠시 후 사방에서는 콩볶듯한 소리가 들려 왔다. 왜냐하면 토끼가 갈대에 불을 질렀기 때문이다. 멍 텅구리 같은 호랑이는 그것을 참새떼가 몰려오는 소리로 알고 역시 바보처럼 입을 딱 벌리고만 있었다. 드디어 뜨 거워서 더 견딜 수 없기에 사방을 둘러보니 자기가 불바 다에 빠져 있다는 것을 알게 되었다. 호랑이는 죽어라 하 고 뛰어 겨우 벌거숭이 목숨만을 건졌다.

  그들이 다시 부닥뜨린 것은 어떤 냇가 둑 위에서였다. 토끼는 호랑이를 보자마자 또 간교한 꾀를 냈다. 뭉툭한 꼬리를 냇물에 담그고 웅크리고 앉아서 호랑이가 나타난 것도 모른 체 하였다. 호랑이는 토끼의 그런 행동이 어처구니도 없고, 자기가 나타났다는 것을 알려 토끼가 깜짝 놀라는 모습을 보고 싶어 으르렁거리기 시작했다. "요놈, 앙큼한 녀석아, 도대체 또 무슨 수작을 꾸미고 있니?" "아유 깜짝이야, 호랑이 아저씨, 이게 무슨 짓예요. 잡힌 거나 다름없는 물고기를 온통 놀라게 해 쫓아 버렸으니. 1분만 가만 뒀으면 이 초라한 꼬리에라도 수수자루에 수수알 붙듯 그놈들이 와서 다닥다닥 붙을텐데. 내참, 김샛다이." 호랑이는 입맛이 버쩍 일어 또 넘어갔다. 그저 목구멍이 원수임에 틀림없었다. "그걸 도대체 어떻게 하면 되지?" "나 하는 것을 보고 그대로 해요. 물고기에게 충분한 시간을 줄 참을성만 있으면 돼요. 그놈들이 오면 반드시 떼를 지어 오거든요. 그뿐만 아니라 제가 아저씨의 멋지고 긴 꼬리로 그들을 몰아드릴 테니 제가 움직여도 좋다고 할 때까진 움직여서는 안돼요. 그렇지 않으면 십 년 공부 나무아미타불이 돼요. 알았지요."

밤이 되어 갈수록 겨울이라 냇가는 얼기 시작했다. 호랑이는 내 꼬리에 고기가 다닥다닥 붙어 점점 무거워지는 것이구나 생각하고 미리 입맛부터 다셨다. 그러나 동이 틀 때가 되어도 토끼는 움직이라는 말을 해주지 않았다. 그는 이제쯤은 더 잡을 필요도 없겠지 하고 일어나려 했으나 일어나지지가 않았다. 뒤를 돌아다보니 그는 두꺼운 얼음장 속에 꼬리를 단단히 갇히고 말았다. 그는 꼬리를 떼버릴 수도, 얼음을 깨버릴 재주도 없었다. 토끼를 부르니 깡총깡총 뛰어 멀리 사라져 버렸다. 호랑이는 마침내 아침 일찍이 일어나는 동네의 부지런한 청년들 덕분에 냇물이 풀리기 전에 잡혀 버리고 말았다. (방철남 이야기)

②호랑이가 사람의 꾀에 빠진다.

옛날에 아주 오래된 옛날에 어떤 깊은 산골에 호랑이 한마리가 살았다. 추운 겨울이 다가와서 산중에 찬바람만 불고 먹을 것은 하나도 없었다. 그래서 사람들이 사는 마을로 내려와서 닭이나 개가 있으면 배를 채우려고 귀를 기우리고 있는데 개소리 닭소리는 안들리고 어디서 아기우는 소리만 들렸다. 호랑이는 "옳지, 오늘은 아기나 잡아먹자." 하고 생각하며 아기가 우는 집으로 숨어들어 갔다. 마루 밑에 숨어서 방안에서 어떻게 하는지 훔쳐보고 있는데 방안에서 "아이고! 우리 착한 아기 울지마라. 시끄럽다."하는 젊은 여자 목소리가 들렸다. 그래도 아기는 그치지 않고 울었다. "밖에 호랑이가 왔다. 뚝 그쳐라."는 소리가 방에서 또 들려 왔다.

그 말을 듣고 호랑이는 엉덩방아를 찧으며 "와! 내가 여기 있는 걸 어떻게 알았을까? 내가 여기에 있는 것을 알면서 무섭지도 않나? 왜 자꾸 울까?" 하며 숨을 죽이고 방안을 지켜보고 있었다. 방에서는 그래도 계속 우는 아기를 보고 엄마는 "큰일났다. 저봐라 네가 우는 소리를 듣고 곶감이 잡아먹으러 왔다. 이제 어쩔래?" 하니까 아기는 그만 울음을 뚝 그쳤다. 호랑이는 놀라서 "하! 곶감이 어떻게 생겼는지는 몰라도 무서운 것인가 보다. 곶감이 여기 와 있는 모양인데 잡히면 국물도 없겠다." 하면서 도망간다고 간 것이 소 외양간으로 갔다.

그때 마침 도둑놈이 소를 훔치러 들어왔다가 호랑이 등을 만져보니까 기름이 줄줄 흘렀다. 그래서 이놈이 살찐 놈이라고 생각하여 그 호랑이 등에 올라앉아 귀를 꽉 잡았다. 그런데 호랑이는 등에 곶감이 붙은 줄 알고 걸음아 나 살려라며 땀을 바짝바짝 흘리며 도망가는데 날이 희뿌옇게 샜다. 날이 새니까 들에 나가던 사람들이 놀라서 "저 사람 호랑이 타고 가네!"하며 고함을 지르는데 도둑이 아래를 보니 정말 호랑이였다. 그만 힘이 탁 빠져서 잡았던 귀를 놓고 뒤로 떨어졌다. 호랑이는 "이제야 곶감이 떨어졌나 보다. 참 무섭기는 무섭다."고 헐떡이며 자신의 집인 굴로 들어갔다. 집에 있던 다른 호랑이들이 "할아버지 호랑이님! 왜 땀을 그렇게 흘리십니까?" 하고 물었다. 그 소리에 호랑이는 지금까지 있었던 이야기를 해 주었다. 듣고 있던 다른 호랑이는 "세상에 곶감이라는 것도 있나? 한번 찾아보자." 하면서 곶감이 떨어졌다는 그 자리로 몰려갔다. 한편 그 도둑놈은 깊은 골짜기에 들어 있어서 집에 어떻게 갈까 고민하고 있는데 저기서 호랑이들이 몰려오는 것을 보고 나무 위로 올라갔다. 호랑이는 도둑놈이 올라간 나무 키만큼 층계를 쌓아 올라갔다. 제일 밑에서 할아버지 호랑이, 그 위에 아버지 호랑이, 그 위에는 또 누구…… 이와 같이 자꾸 쌓아갔다. 인제 한 마리만 더 올라가면 자기 키만큼 되는데, 기겁을 한 도둑놈은 나팔을 주머니에서 꺼내어 나팔을 불어댔다. 나팔소리에 밑에 있던 호랑이가 춤을 덩실덩실 추자 위에 있는 호랑이는 다 떨어져 죽어버리고 밑에 있던 호랑이는 깔려 죽었다. 도둑이 헤아려 보니 아홉마리나 됐다. 도둑은 호랑이 가죽을 벗겨서 짊어지고 가는데 날이 어둑어둑 해져서 절에 들어갔다. 그 절에는 호랑이 한마리가 중을 모두 잡아먹고 자기가 중노릇을 하고 있었다. 도둑은 중을 보자 호랑이인 것을 알았다. 배가 고픈 도둑이 밥을 좀 달라고 하니 중은 사람 고기를 주었는데 도둑은 먹는 척 하며 모두 버렸다. 밤이 되어서 둘은 앉아 얘기를 하는데 도둑이 호랑이에게 "세상에서 가장 무서운 것이 뭐냐?"고 하니까 "나팔"이라고 말했다. 도둑은 "나는 천지에 무서운 것이 없다."고 했다. 잠이 안와서 윷놀이를 하기로 했는데 주인인 호랑이가 먼저 했다. "한때 두때 굶었더니 밥 한 그릇이 생겼네 윷이야!" 하면서 윷가락을 던지자 윷이 나왔다. 도둑놈은 "범 가죽 아홉 가죽이 열 가죽이 되었네. 윷이야!" 하니 또 윷이 나왔다.

　야밤중이 되어서 윷놀이가 끝나고 호랑이가 먼저 꾸벅꾸벅 졸았다. 도둑은 냉큼 일어나서 "이때다!"며 나팔을 불었다. 호랑이는 멋모르고 춤을 추다가 허파가 뒤집혀서 죽었다. 도둑은 기분좋게 그놈의 껍질을 벗겼다. 도둑놈은 호피를 시장에 갖고가서 비싸게 팔아서 부자가 되어 도둑질을 하지 않아도 잘 살았다.

4. 스스로 변신하기형 이야기

인간이 호랑이로 변신하는 경우도 있고 반대로 호랑이가 인간으로 변신하는 것도 있다. 스스로 변신하기형 중 '둔갑했다가 사람으로 되돌아오지 못하기(효자호랑이형)'설화에는 <둔갑법으로 호랑이가 된 채 죽은 사람>(≪한국구비문학대계≫3-4, P.376)외 21편이 채록되어 있다.

① 인간이 호랑이로 변신한다.

어떤 효자가 부모의 병을 치유하기 위해 정성을 다한 끝에 주문을 입수한다. 그것으로 변호(變虎)되었다가 다시 인간으로 환생한다. 호(虎)가 되어서 개의 간을 구해 부모에게 먹인다. 그러나 처의 실수로 주문이 적힌 책을 상실한다. 그 때문에 다시 인간으로 돌아오지 못하는 신세가 된다. 다음 이야기는 경기도 양주군 구리면 동구능에서 벌어진 일이라 한다.

때는 고종황제 말기였다. 주인공은 정 호랑이라는 범인데, 이것은 인간으로 태어났었다가 할 수 없는 운명에 매여 호랑이로 머물러 있게 되었다. 이는 효자로 알려져 있는 남자였다. 어머니가 몹쓸 병에 걸려 자리에 눕게 되자 평소에 효심이 강한 그는 얼마나 가슴이 아팠으랴. 백방으로 약을 구했으나 그 병엔 백약이 무효하고 다만 개를 백 마리를 먹어야만 한다는 것이다. 한 두 마리는 그의 힘으로도 구할 수 있으나 그 많은 개를 구할 길 없어 그는 둔갑법을 사용하여 호랑이로 변장해 가지고 밤마다 동네의 개를 잡아들였다. 그가 사는 동네의 개가 모자라면 이웃 동네에까지 가서 잡아다가 어머니의 약으로 썼다.

이렇게 개를 물어온 다음에는 방으로 들어와 다시 둔갑하는 주문을 외어 사람으로 돌아오곤 했다. 그의 아내는 매일 밤마다 호랑이가 되어서 개사냥을 하는 남편이 싫어지고 말았다. 그 날도 그가 어머니를 위하여 둔갑법을 써서 호랑이가 된 후에 동네로 내려간 다음, 이런 일 하는 것에 정이 뚝뚝 떨어지고 신물이 난다고 화를 내며 남편이 읽어야만 되는 둔갑법을 쪽쪽 찢어 버렸다. 이것도 모르고 오늘도 개를 잡아 올 수 있음을 기뻐하며 집으로 돌아온 그는 사람으로 변하기 위하여 방으로 들어왔다. 그러나 거기엔 발기발기 찢어진 종이 쪽지뿐이어서 도저히 읽을 수가 없었다. 그는 아무리 애를 썼으나 인간으로 돌아오지 못하고 완전히 호랑이로 변해 버렸다. 그는 병중에 있는 그의 어머니를 해쳤으며, 그의 원수인 처와 아들까지도 모두 잡아먹었다. 이렇게 인간이 변하여 된 호랑이는 아내로 인해 사람이 못되었기에 아내의 성을 따서 정 호랑이라고 붙이고, 아내와 같은 정이라는 성을 가진 사람은 모조리 헤치면서 돌아다녔다.

◇ 오윤 판화 호무(虎舞)

그러자 나라에서는 이렇게 사람을 해치면서 돌아다니는 호랑이에 상금을 내걸었다.

물론 돈을 받기 위하여 여러 사람이 나섰다. 그런데 이 호랑이는 정씨 이외의 성을 가진 사람은 해치지를 않았기 때문에 곧 잡히고 말았다. 이 호랑이를 잡은 후에 그 입을 벌려 보았더니 대 여섯 사람의 머리통이 한꺼번에 들어갈 만큼 커다란 입을 가졌다고 한다.

현재 이 정 호랑이에게 해를 다한 정가의 성을 가진 후손이 남아 있다고 하며, 이 정 호랑이를 일컬어 효자 호랑이라고도 한다. (김영민 이야기)

② 호랑이가 인간으로 변신한다.

대표적인 설화로서는 ≪삼국유사≫ 권5에 나오는 신도증

설화(申屠澄說話)가 있고, 또 같은 책에 <김현감호(金現感虎)>설화가 있다. 경북 청도군내에 호산(虎山)이라는 산이 있는데 명명의 유래가 또 이 계통의 설화와 관계가 있다.

　　옛날 노부모가 무남독녀를 데리고 살았다. 어느 날 행방불명이 되었다. 1년이 지나 마을 사람이 심산(深山)에서 딸을 보았다고 했다. 호(虎)가 그녀 곁에서 짐승고기를 먹고 있었고 그녀는 불을 피우고 있었다는 것이다. 부모들이 뛰어가보니 딸은 상복을 입고 있었다. 한사코 딸이 하산하지 않겠다고 해서 부모는 허사로 돌아왔다.
　　그로부터 몇 년 후 어느날 대호가 나타나 부모를 업고 산으로 갔다. 딸이 죽어 있었는데 유서에는 부모에게 불효를 용서해 달라는 말과 함께 그 동안 호랑이와 함께 살았으니 산에 묻어달라는 것이었다. 부모는 동네 사람의 협조로 소원대로 해주었다. 그래서 '호산(虎山)'이 되었다는 것이다. (柳增善, 1971)

　　옛날 암산(岩山)이란 자가 있었다. 그 모(母)가 저녁때 날이 저물어 시냇가에 나가 머리를 감는데 호랑이가 와서 무릎을 꿇고 발로 머리털을 가지고 노니 모가 천천히 이르기를 '아해야 가서 놀자'하며 같이 사라지더니 잠시 후 맹수가 달려가는 소리가 들려 왔다. 암산(岩山)은 비로소 그 어미가 호랑이임을 알고 좇아가 활을 쏘아 호랑이 다리를 맞추었다. 호랑이는 일지(一指)를 떨어뜨리고 도망갔다. 그 후 호랑이가 궁에 잠입하니 사창인(司倉人)

들이 감히 가까이 가지를 못하였는데 암산(岩山)이 화살
을 들고 들어가니 호랑이가 놀라 도망쳤다. 암산이 좇아
가 죽이고 보니 호랑이의 일지(一指)가 없으므로 어미임
을 알았다. ---- 모화호(母化虎)

≪삼국유사≫ 감통(感通) 권7에 실려 있는 〈김현감호〉는
애정이야기의 구성요소인 (가) 〈만남〉 - (나) 〈친밀감형성〉
- (다) 〈열정으로 진전함〉 - (라) 〈성적 결합 여부〉 - (마) 〈
사랑의 지속 또는 단절〉의 구조를 아주 정상적으로 갖추고
있는 호랑이 설화이다. 한편의 애절한 사랑 이야기이다. 원
성왕 때 김현이 홍륜사의 전탑을 도는 풍속에 따라 홀로 탑
을 돌다가 한 처녀를 만나 으슥한 곳에 가서 통정을 한 것으
로 서술됨으로써 (가) - (라)를 충실하게 지키고 있다. 하지만
(마)에 있어서는 극적인 구성을 하여 긴장을 고조시키고 있
다. 이러한 장면 묘사는 신화적 세계의 반영이자 신기성을
존중하는 전설적 이야기이기 때문에 가능하다고 할 수 있다.
(마)에서 관계를 맺은 후 처녀를 쫓아간 김현은 그 초가집이
호랑이 소굴임을 알게 되고 숨게 되나 호녀의 세 오빠에게
잡아먹히는 위기를 맞게 된다. 하지만 하늘에서 "한 놈을 죽
여 악을 징계하겠다"는 외침이 있자 호녀가 오빠를 대신해
하늘의 징벌을 받고 죽게 된다.
　이 이야기에서 호녀의 사랑은 '이타적 사랑'임을 알 수 있
다. 그것은 징계를 받는 방식으로 호녀가 사람이 많은 시장
에 출현하여 사물을 해치면 나라에서 호환을 처리하는 자에

게 큰 벼슬을 내릴 것이므로 이때 김현이 호녀를 잡아 바치면, 높은 벼슬에 오르게 될 것이라고 충고하는 줄거리를 갖추고 있기 때문이다. 그리고 김현은 호녀의 은혜를 갚기 위해 후에 호원사라는 절을 창건한다는 내용이 나온다. 여기에서 호랑이 자신을 희생하여서라도 사랑을 성취하려고 하는 관음보살의 대자대비와 같은 무조건적인 사랑이 등장함으로써 '이타적 사랑'의 모습이 드러나고 있다. <호랑이 껍질>이야기에는 여인으로 변하는 호랑이 이야기가 있는데 이들은 호랑이의 껍질을 잃어버리고 사람이 되어 결혼하여 아내로서 어머니로서 잘 살다가 잃었던 호피(虎皮)를 발견하고는 그 즉시 호피를 쓰고 호랑이가 된 다음 남편이나 자식을 버리고 도망간다는 것이다.

이밖에 〈호랑이 눈썹〉 이야기 같은 유형도 있다. 전생(前生)의 연기사상(緣起思想)이 반영된 설화 유형으로서 〈호랑이 눈썹〉이란 이야기가 있다.

어떤 가난한 사람이 백인재라는 고개를 넘다가 중으로 변한 호랑이를 만나 호랑이가 사람을 왜 잡아먹느냐고 묻자 호랑이는 눈썹을 하나 뽑아주며 이 눈썹을 눈에 대고 보면 사람이 개나 소로 보이기 때문이라고 하였다. 이 사람이 호랑이 눈썹을 자기 눈에 대고 보니 사람들이 과연 개나 소로 보였다. 그 사람은 호랑이에게서 그 눈썹을 얻어 가지고 오는 길에 사기쟁이 부부를 만나 동행하여 자기 집으로 와서 한 방에서 자기 부부와 함께 유숙하게 되었다. 그런데 밤중에 자기 부인이 사기쟁이에게로 가서 함께 자는 것을 발견하고 호랑이 눈썹을 대고 본즉 사기쟁이는 장닭이고 자기부인은 암탉이었으며 사기쟁이 부인과 자기는 사람이었다. 이 사람은 사기쟁이와 자기 부인을 함께 살라고 내 쫓고 사기쟁이 부인을 아내로 맞아 부부가 되었다. 이 사람은 사기짐을 팔아 장사를 하여 부자가 되었고 빈손으로 쫓겨난 사기쟁이와 이 사람의 본래 부인도 산 속에서 금덩이를 발견하여 잘 살았다.
≪한국구비문대계≫ 7-2(1980)184∼197쪽

이런 설화는 〈호랑이 눈섭으로 본 전생〉이라는 유형으로 많은 각편이 조사되었다. 이 설화의 소박한 의미는 금세의 부부의 인연은 전생과 관련이 있는데 전생에서 닭이나 개였던 사람은 닭은 닭끼리 개는 개끼리 부부가 되어야 싸우지도 않고 부자로 잘 살 수 있고 그렇지 않은 부부는 불화하고 복도 없다는 의미로 이해하고 있다. 다시 말해 불교의 진리를 전달하기보다는 전생과 차생이 신기하게 연결된다는 점에 홍미의 초점이 있다. 그러나 이 설화에도 불교에서 말하는 연기설과 윤회사상이 반영되어 있음을 알 수 있다. 그러나 이러한 설화는 윤회나 연기가 신기한 사실로서 홍미를 주는 요소로 작용하고 있을 뿐 그러한 이치 때문에 현세적 삶에 대한 애착을 버리고 승려가 되어 불도를 닦게 되었다든지 하는 불교설화로서의 마무리는 나타나지 않는다. 이는 불교에서 파생된 설화가 민간에서 전승되면서 세속의 설화

와 교섭하면서 불교 교리의 전파기능을 상실한 예라고 할
수 있다. 그러나 이런 설화를 통해서 부부의 인연이 따로 있
고 이는 전생에서부터 맺어진 결과라는 인식이 일반 민중에
게 널리 확산된 것은 불교 사상이 그만큼 우리 민족의 의식
깊이 침투되어 있음을 말해주는 점이라 할 것이다.

5. 신화 속의 호랑이와 민담 속의 호랑이 비교

전설이나 신화에서 은혜를 갚는 호랑이, 효자를 돕는 호랑
이, 예언적인 능력이나 곧잘 둔갑하는 호랑이가 민담에서는
어리석은 호랑이, 도무지 위엄이 없고 겁 많은 짐승으로 표
현되고 있음은 이미 지적된 바이다.

대체로 신화나 전설에 등장하는 호랑이 중에는, 양심을 가
졌거나 의리를 지키고 정의가 돈독한 군자형의 호랑이가 많
다. 비양심이나 불의나 비리를 척결하고 대의 명분에 위배되
면 가차없이 천벌을 대행하는가 하면, 정의를 넓게 보아 파
사현정(跛邪顯正)의 눈물도 흘릴 줄 아는 호랑이가 등장한
다. 세속이나 명리에만 급급한 우리 인간들이 도리어 무색할
정도로 완벽한 성품을 지니고 있다.

《삼국유사》에 나오는 <김현감호(金現感虎)>는 말할 것
도 없거니와 한대 유곤이 홍농태수로 있을 때 범이 많아 사
람을 해쳐 교통까지 두절되었으나 그 후 3년간 인정을 베풀

자 호랑이들이 새끼를 업고 도강하여 딴 곳으로 갔다고 하지 않는가? 어찌 그것뿐이랴? 동한 강능현에 호환이 심하더니, 군수 법웅이 범 잡는 함정을 철거시키매 범들이 되레 감화되어 해가 그쳤다고 한다.

그리고 뒤에 가서 말할 연암의 '호질'에 나오는 호랑이는 북곽 선생에게만이 아니라 우리 전체 인류의 전인적인 사표가 됨직한 의호(義虎)이다. 더욱이 '주호잔'과 다른 진안설화(예화1) 및 부여군 규암면 호암리 취령산 범 바위에 얽힌 전설(예화2)에는 이런 류의 전형적인 호랑이가 등장한다.

(예화1)

전라도 진안 땅의 한 효자 노총각은 밤중에 급히 어머니의 약을 지어 가지고 지치를 넘고 있었다. 그때 황소 같은 호랑이를 껴안고 살려달라는 비명을 지르는 행인을 만났다. 총각은 약봇짐을 놓고, 얼른 범의 허리를 같이 껴안았다. 그러자 행인 자신이 호랑이의 눈을 빼겠으니 총각은 허리를 단단히 끼고 있으라고 했다. 그런데 손을 푼 행인은 총각의 약봇짐을 짊어지고 혼자 달아났다. 호랑이를 끼고 한참 승강이를 하던 총각은 기진맥진해서 까무라쳤다. 한참 만에 정신이 들어보니 범은 간 곳이 없었다.

그는 밤길을 걸어 허위담심 집으로 향했다. 자기 집 10리쯤 못 미쳐서 총각은 뜻밖에도 길에 떨어진 약봇짐을 발견했다. 근처에는 유혈이 낭자했고 암통머리 없는 행인은 해골만 남아 있었다. 그 후 얼마만에 총각은 나무를 하다가 포수에게 쫓겨온 그 범을 또 만났다. 총각은 나뭇단 속에 범을 숨겨 주었다. 그 후 또 어느날 달밤에 한 마리의 범이 총각네 모자 앞에 한 처녀를 메어다 놓았다. 바로 그 범이었다. 총각은 30이 넘어 범의 중매로 장가를 들었다.

(예화2)

여말(麗末)때 임윤덕(林允德)이 고려가 멸망하자 개경을 떠나 남하하여 은둔처로 삼은 곳이 부여군 규암면 호암리이다. 임(林)이 하루는 과일을 따기 위해 움막 등성이를 넘어 취령산 골짜기로 들어가니 숲속에서 무슨 소리가 들리며 비릿내가 풍겨 왔다. 하도 이상해서 접근해 보니 황소 같은 호랑이 한 마리가 큰 멧돼지 한 마리를 놓고 작살을 내고 있지 않은가? 임은 선비였지만 타고난 체구가 거구 장신인데다, 수염도 많아 장수 같은 풍체였다. 거기다가 허리에 찬 두 자루의 장도(粧刀)가 위엄을 더했다. 선뜻 다가선 임윤덕은 눈을 부라리며 "이놈 너는 수중지왕(獸中之王)일지 몰라도 나도 이 산중에서는 인간지왕(人間之王)이다. 비록 이 꼴이 됐지만 망국의 한을 품고 세상을 피해 온 나다. 상말에 콩알도 나누어 먹는다는데, 너 혼자만 먹기냐?" 거침없이 호령했다. 그러자 호랑이는 임윤덕의 기개를 알아나 본듯, 뜯던 멧돼지를 놓고 뒤로 주춤 물러섰다. 이때 임윤덕은 시퍼런 장도를 뽑아 들고 멧돼지의 살찐 뒷다리 하나를 뗐다. 제 이

빨이 아무리 좋다 해도, 칼날 앞에 여지없이 각뜨는 멧돼
지를 보더니 심산 대호는 더욱 풀이 죽었다.

움막에 돌아와서 숯불에 구워 오랜만에 고기 포식을
한 그는, 그 뒤로 고기 생각만 나면 범바위 앞에 기다렸
다가 한 몫을 빼앗았다. 회수(回數)가 거듭되자 호랑이도
체념한 듯, 먹이를 잡아오면 으레 임윤덕이 먼저 몫을 가
져가도록 기다리고 있었단다.

그러나 신화나 전설 속의 호랑이와는 달리 민담에 있어서
의 호랑이의 특징은 또한 언제나 약고 용맹스러운 편이기보
다는 말할 수 없이 어리석고 겁쟁이인 성향이 많다. <호랑이
와 곶감>에서 말 도둑을 곶감으로 오인하고, <해와 달이 된
오누이>에서는 어린아이의 슬기로움에 꼼짝없이 속고야 만
다. 이것은 신화나 전설에 있어서 호랑이가 신격화되는 것과
는 전연 상반되는 현상인 것이다. 신화, 전설에 있어서의
<호랑이>는 그렇게 바보스럽거나 겁쟁이로 나타나지는 않는
다. 그러므로 신화, 전설에 있어서 숭배의 대상이던 <산군(山
君)>도 민담으로 되면 조롱의 대상으로 전락하여 버린다.

앞에서 언급한 착해서 은혜갚기형과 어리석어 바보되기형
이 결합되어 호랑이를 동정하게 만드는 다음과 같은 이야기
도 있다.

옛날 어떤 산골에 홀어머니와 함께 사는 나무꾼이 있
었다. 그날도 언제나처럼 지게를 메고 깊은 산에 나무를

하러 올라갔습니다. 얼마를 가는데 호랑이가 나타나 앞
길을 가로 막더니 나무꾼에게 덤벼들려 하였다. 놀란 나
무꾼은 지게를 진채 급히 꿇어 앉으며 호랑이에게 큰 절
을 하면서, "형님, 형님을 이렇게 뵙게 될 줄 몰랐습니다.
그간 어떻게 지내셨습니까." 이렇게 말하였다. 나무꾼을
잡아먹으려던 호랑이는 어이가 없어 "그게 무슨 소리
냐?"고 나무꾼에게 물었다. 나무꾼은 "집에 계신 어머니
는 늘 저에게 산에서 혹시 이런 호랑이를 만나거던 그것
은 너의 형인줄 알아라, 너의 형은 어렸을 때 산에 올라
가 호랑이가 되었으리라고 말씀하셨습니다. 이제야 형님
을 만난 것입니다"하고 능청스럽게 말하였다. 그 소리를
들은 호랑이는 가만히 생각하는 것이었다. 내 전생은 틀
림없이 사람인게다. 그렇다면 이 사람은 내 동생이 분명
하단 말이다. 여기까지 생각이 미친 호랑이는 눈물을 뚝
뚝 흘리면서 말하였다. "네가 내 동생인줄 모르고 큰일
을 저지를 뻔했구나. 그래 어머님은 안녕하시냐? 내가 호
랑이가 된 후론 한번도 찾아뵙지 못했구나." 나무꾼은 내
친 김에 다시 능청스럽게 "형님 이길로 집에 갑시다. 어
머님도 보고 싶어 하시는데"하였다. 이 말을 들은 호랑이
는 한숨을 쉬며 "어디 이 모양을 해가지고 어머니를 뵈
일 수 있겠느냐? 다음에 가서 뵙기로 할테니 어머니 생
신날이나 가르쳐 달라"고 하는 것이었다. 나무꾼은 무슨
달 며칠이 어머니 생신이라 가르쳐 주자 호랑이는 다음
에 보자는 말을 남기고 훌쩍 산 속으로 들어가 버렸다.
이렇게 위험을 벗어난 나무꾼은 이 일을 까맣게 잊어버

리고 있었다. 그러다 날씨가 추워져 눈이 하얗게 내린 어
느 날, 어머니의 생일이었다. 일찍 일어나 문 밖에 나오
니 문앞에 죽은 산토끼와 노루가 버려져 있었고 눈 위에
호랑이의 발자국이 찍혀 있었다. 산에서 만난 호랑이가
어머니의 생일을 잊지 않고 산짐승을 잡아보냈던 것이
다. 나무꾼은 이것으로 어머니의 생일 음식을 차려 드렸
다. 그런데 이듬해에도 어머니의 생일날이면 문 앞에 산
돼지며 노루가 꼭 몇 마리쯤은 놓여 있었다. 그래서 해마
다 어머니의 생일은 푸짐하게 지낼 수 있었다. 몇해가 지
난 뒤 나무꾼의 어머니가 세상을 떠났다. 나무꾼은 어머
니의 산소를 양지바른 곳에 만들었다. 그런 후부터는 어
머니 생일날이 되어도 문 앞에는 죽은 산짐승들을 볼 수
가 없게 되었고 대신 어머니 무덤가에는 호랑이 발자욱
이 찍히게 되었다. 그것을 볼 때마다 나무꾼은 호랑이를
속인 짓을 은근히 후회하기도 하더라는 것이다.
　　　　－충북 청주지방 <호랑이와 나무꾼>

　더구나 <꼬리로 물고기 잡는 호랑이>, <참새 잡는 호랑
이>, <함정에 빠진 호랑이>와 같은 이야기들에선 호랑이보
다도 오히려 약자인 토끼, 여우들의 기지, 교활이 승리하게
된다. 인상적인 것은 <호랑이와 토끼> 이야기이다. 호랑이는
토끼를 잡아먹으려고 하는데, 토끼는 여러 가지 꾀를 써서
위기를 모면하고 드디어 호랑이를 골탕먹인다. 호랑이는 힘
이 세나 어리석고, 토끼는 약하나 지혜롭다. 어리석은 강자
는 지혜로운 약자를 당해내지 못한다. 호랑이와 토끼의 대결

은 포괄적인 의미를 지니고 있다. 치자(治者)와 피치자(被治者)의 대결일 수도 있고, 권력을 가진 자와 권력을 가지지 못한 자의 대결일 수도 있다. 동물담은 이처럼 동물에다 인간의 특징을 부여하여 인간사회의 문제를 제기한다. 제기된 문제는 대체로 민중과 그 적대자 사이의 대결이고, 이 대결에서 민중은 지혜로써 승리하는 모습을 보여준다.

호랑이 설화가 한국에만 있는 것은 아니다. 서구에서는 우리 것과 내용이 같은 것으로 늑대가 주인공으로 등장하며 가까운 일본에서는 여우가 주역을 하고 있다. 일본에서는 호랑이가 존재하지 않으나, 호랑이 돌 전설이 남아있다. 금기를 깨뜨려 돌이 되어 버린 호랑이에 관한 이야기가 잔존하는데, 유전국남(柳田國男)은 이를 '무녀(巫女)'로 분석한 바 있다. 물론 우리나라에 호랑이가 많기 때문에 호랑이담이 많고 서구나 일본은 호랑이가 서식하지 않기 때문에 늑대나 여우가 대역을 하고 있다.

일본의 여우담의 경우, 우리의 호랑이담과 비교해 볼 때 어떤 공통성을 발견할 수 있지 않을까 생각한다. 우리의 호랑이는 신앙성과 설화성이라는 양면성을 지니고 있는 것처럼 일본의 것도 도하신앙(稻荷信仰)에서 여우가 신격으로 숭배의 대상이 되어 있는가 하면 설화에서 역시 우리의 유형처럼 분류할 수 있다고 본다.

앞에서 호랑이의 신화적 성격을 지적했지만 신앙성과 설화성이 바로 그것이다. 호랑이가 신앙의 대상으로 등장할 때는 신격(神格)이 부여되고 외경의 심리가 작용해서 숭배하게 되지만 일단 이것이 설화에 정착되면 신성은 약화되고 평범한 동물로 인정하려는 경향이 강해진다. 따라서 인지의 발달로 인해 교훈이라는 설화의 기능이 작용할 때는 또 한단계 낮아져서 이번에는 호랑이는 어리석은 동물로밖에 인정되지 않는다. 그런데 지금도 부정할 수 없는 산신이나 동제에 이르기까지, 나아가서는 민간신앙에서 호랑이가 신성을 가지고 있는 부분이 상당히 많다는 점에서 호신앙(虎信仰)을 무시할 수가 없다. 그런데도 불구하고 설화에서는 우둔형과 같은 것이 판을 치는 것은 모순이 있지 않은가 생각한다.

여기에서는 우선 생각해 낼 수 있는 설화 가운데 비록 신성은 사라졌다 해도 그 흔적이 남아 있는 설화로는 전술한 네 가지 유형 가운데 '착해서 은혜갚기형', '잔인해서 잡아먹기형', '스스로 변신하기형'에서 얼마간 찾아 볼 수가 있다. 이러한 형태의 설화들은 신앙의 쇠퇴로 인해 연유된 것도 있고 조선시대를 지나면서 교육의 목적으로 설화화된 것도 있다. 따라서 설화의 향유층은 호랑이를 시대에 따라 희화화하여 친근성을 갖지만 의례의 원초성을 반복된다고 믿는 것이다.

아직도 호식장처럼 '잔인해서 잡아먹기형'이 우리 민족의 기층문화의 한 영역을 담당하고 있음에도 불구하고 호랑이를 무시하고 깔보는 우둔형 설화가 이땅에 있는 것은 과연 부정적(否定的) 측면과 긍정적(肯定的) 측면과의 모순성 병존이라는 공식에만 부합시켜 이해하고 말아야 할 것인가(황패강, 1972)는 문제가 있다. 여기서 이러한 모순된 병존의 원리를 인정하면서 한편 설화라는 것이 원시신앙이나 고유신앙과 밀착되어 있기는 하지만 항상 유동적이고 문화와 민족에 따라 항상 이동 변이한다는 특성이 있기 때문에 이러한 각도에서라면 한번쯤 다시 짚어야 할 것이다. '어리석어 바보되기형' 설화에 담긴 호랑이 모습은 조선시대의 이야기 문화 환경에 의해 굴절, 변형된 측면을 고려할 수 있는데, 이 점도 역사적 검증이 필요하다. 호랑이는 조선시대 이후 이야기판에서 이야기꾼에 의해 가장 널리 사랑받았던 동물임에는 틀림없다.

제5장. 속담(俗談)과 수수께끼 속의 호랑이

1. 속담과 호랑이

우리 속담의 소재로 활용되고 있는 호랑이는 대개 권위나 위엄, 위대한 존재를 상징할 때 쓰이는 대상물이다. "호랑이 없는 굴에 여우가 논다"에는 힘센 권위자와 위정자로 호랑이를 빗대는 말이 나타나 있다. 호랑이의 생태적 특징을 비유로 하여 일상에서 재치나 해학의 세계를 보여주기도 한다. "호랑이 입보다 사람입이 더 무섭다", "호랑이는 늙으면 쥐가 깔본다", "호랑이 불알은 동지부터 얼었다가 입춘에 가서 녹는다" 등이 그것이다. 친근한 구비단문으로서 지혜담이다.

○. 강 건너간 범이다 : 무서울 것이 하나도 없다

○. 강 건너 호랑이다 : 비록 무서운 것이라 할지라도 나와
는 상관이 없다

○. 개를 호랑이가 물어간 것만큼 시원하다 : 어떤 방해자
가 없어져서 속이 시원하게 되었다

○. 개미 나는 골에 범난다 : ① 재미있다고 나쁜 일을 계
속하면 나중에는 봉변을 당한다 ② 지나치게 재미가 나
면 그 끝에 가서는 재미롭지 못한 일이 생긴다

○. 개미 나는 곳에 범 난다 : 처음에는 개미만큼 작고 대
수롭지 않던 일이 차차 커지고 심하여져서 드디어는 크
고 무서운 두통거리가 된다.

○. 개 호랑이가 물어 간 것만큼 시원하다 : 미운 개를 버
리지도 못하고 애쓰던 중 호랑이가 물어가 시원하더라
함이니 마음에 꺼림칙한 것이 없어져 속이 가뿐하고 시
원하다.

○. 갯벌에 빠진 호랑이 으르렁대듯 한다 : 권력을 잃은 사
람의 호통은 사람들이 무서워하지 않는다.

○. 계집 늙으면 호랑이 된다 : 젊어서 남자에게 복종만 하
던 여자도 늙으면 내 주장이 되어 남자에게 호랑이 노
릇을 한다.

○. 계집은 젊어서는 여우가 되고 늙어서는 호랑이가 된다.

○. 계집 둘 가진 놈의 창자는 호랑이도 안 먹는다 : 처첩

을 여럿 거느리고 살자면 그 마음이 편할 날이 없다.

○. 고기를 호랑이에게 먹인 셈이다 : 먹으려고 장만한 고기를 호랑이에게 주듯이 애써서 마련한 것을 남 좋은 일만 시켰다.

○. 고기 주다 범에게 물린다 : 범에게 고기를 주다가 물리듯이 남을 도와주다가 그에게서 화를 입었다.

○. 굴에든 범 : 사람의 마음이나 그의 장래는 드러나지 않으므로 헤아릴 수가 없다.

○. 굶주린 새벽 호랑이 싸대듯 한다 : 굶주린 호랑이가 새벽에 먹이를 찾으려고 싸 다니듯이 성이 나서 왔다갔다 돌아다니는 사람을 두고 하는 말.

○. 굶주린 호랑이가 고자라고 마다할까? : 굶주린 사람은 음식을 가려서 먹지 않는다.

○. 굶주린 호랑이가 원님을 안다더냐? : 굶주린 사람은 체면도 차리지 않는다.

○. 굶주린 호랑이 날고기 먹듯 한다 : 굶주린 참에 맛있는 음식을 정신없이 먹듯 한다.

○. 굶주린 호랑이보고 돼지우리를 지키라고 한다 : 맡겨서 손해본다는 것을 알면서 맡긴다는 것은 어리석은 짓이다.

○. 귀신을 피하려다 호랑이를 만난다 : 한 가지 재화를 피하려다 도리어 더 큰 액(厄)을 당한다.

ㅇ. 그물에 든 고기요 쏘아 놓은 범이라 : 옴짝달싹 못하고 죽을 지경에 빠졌다.

ㅇ. 길을 무서워하면 범을 만난다 : 항상 겁이 많고 무서움을 타는 사람은 그만큼 또 무서운 일을 당하게 된다.

ㅇ. 깊은 산에서 목마르다고 하면 호랑이를 본다 : 물을 찾기가 힘든 깊은 산에 가서 목이 마르다고 하지 말라.

ㅇ. 까마귀 짖어 범 죽으랴 : 사소한 방자가 있더라도 큰 일에는 아무 영향이 없다.

ㅇ. 껍질 상치 않게 호랑이를 잡을까 : 호랑이의 가죽을 상하지 않고서 호랑이를 잡을 수는 없다함이니 힘들여 애쓴 다음에야 그 일을 이룰 수가 있다.

ㅇ. 나가던 범이 물려든다 : 위험한 일을 모면하여 막 마음을 놓으려던 차에 새삼스럽게 다시 위험하게 되었다.

ㅇ. 노루를 피하니 범이 나온다 : ① 일이 점점 더 험하고 어려워지다. ② 작은 해를 피하려고 하다가 도리어 큰 무서운 일에 부닥친다.

ㅇ. 늙은이 치고 젊어서 호랑이 안 잡았다는 사람 없다.

ㅇ. 덫에 걸린 호랑이다 : 덫에 걸린 호랑이처럼 곧 죽을 신세가 되었다.

ㅇ. 덫에 치인 범이요 그물에 걸린 고기다.

ㅇ. 덮치는 범은 그 이를 보이지 않는다 : 공격은 상대방이 모르도록 해야 한다.

○. 뒤로 오는 호랑이는 속여도 앞으로 오는 팔자는 못 속
인다 : 앞으로 오는 호랑이는 물론 뒤로 오는 호랑이까
지도 속여서 위험을 면하고 살아날 수가 있으나 팔자
모면은 못한다 함이니 사람은 운명에 따라서 사는 것이
지 그것을 제 마음대로 할 수는 없다.

○. 물고 놓은 범 : 주린 범이 먹을 것을 물었다가 다시 놓
았으니 미련이 있어 단념하여 버리지 못한다.

○. 미친개가 호랑이 잡는다 : 미친개가 그저 날뛰면 호랑
이 같은 무서운 짐승도 잡는다 함은, 사람이 아무 것도
돌아보지 않고 정신없이 날뛰면 어떤 무서운 짓을 할지
도 모른다.

○. 바늘에는 소 범이라 : 바늘을 가지고 하는 일에는 소나
범과 같다 함이니 바느질 할 줄을 모르며 또 하지도 않
는 사람을 두고 이른다.

○. 바닷가 개는 호랑이 무서운 줄 모른다 : 바닷가 개가
호랑이를 모르기 때문에 무서워하지 않는다는 뜻이니,
아무리 무서운 것이라도 그에 대하여 아는 것이 없으면
무서운 줄도 모른다는 뜻이다.

○. 범 가는 데 바람 간다 : 언제나 떨어지지 않고 같이 다
닌다.

○. 범 같은 장수 : ① 사납고 위엄 있는 장수. ② 뜻하는
결과를 바라거든 그에 따르는 준비를 하고 수고를 해야

한다.

ㅇ. 범 굴에 들어가야 범 새끼를 잡는다.

ㅇ. 범굴에 들어가야 범을 잡지 : 큰 목적을 이루려면 그만한 위험과 수고를 겪지 않으면 안된다.

ㅇ. 범 나비 잡아먹은 듯 : 범이 나비를 하나 잡아먹었다 해 도 그것은 먹으나 마나인 듯할 것이니 먹는 것이 양에 차지 않음을 이른다.

ㅇ. 범도 새끼 둔 골을 두남둔다 : 사납기만 한 범도 제 새끼 둔 곳은 힘써 도와주고 끔찍이 여긴다. ① 비록 악인이라도 제자식의 일은 늘 마음에 두고 생각하며 잘해준다. ② 누구나 사정이 있을 수 있다.

ㅇ. 범 바자 먹은 것 같다 : 먹기는 먹었으나 양에 차지 않아 조금도 먹은 것 같지 않다.

◇ 호랑이해 기념 우표

ㅇ. 범도 제 소리 하면 오고 사람도 제 말하면 온다 : ① 어느 곳에서나 그 자리에 없다고 해서 남의 흉담을 하

지 말라는 뜻. ② 마침 화제에 오르고 있는 제삼자가 공교롭게도 그 자 나타났을때 하는 말이다.

○. 범 모르는 하룻강아지 : 철없이 무서운 줄 모르며 함부로 덤버드는 것을 이른다.

○. 범 무서워 산에 못가랴 : 마음에 꺼림칙하게 여겨지는 것이 있더라도 해야 할 일은 한다.

○. 범 본 여편네 창구멍 틀어막듯 : ① 급한 경우를 당하여 어쩔 줄 몰라 미봉책으로 그것을 피하 려는 행동을 이름.② 급히 밥을 퍼먹는 모양을 이른다.

○. 범 아가리에 날고기 넣은 셈 : 욕심 있는 자에게 간 물건은 도로 찾지 못한다는 뜻이다.

○. 범 아가리에 떨어진다 : 매우 위급한 경우를 당하다.

○. 범 없는 골에 토끼가 스승이라 : 잘난 사람이 없는 곳에는 못난 사람이 잘난 체하고 기승하여 뽐낸다.

○. 범에게 개를 빌린 격 : 욕심이 사나워서 신용이 도무지 없는 사람에게 빌려 준 것은 다시 찾지 못한다.

○. 범에게 날개 : ① 세력 있는 사람에게 또한 권세가 더 붙어 크게 둘을 만하게 되다. ② 한 가지 재주만으로도 훌륭한 사람에게 또 그에 못지 않은 좋은 재간이 늘었다.

○. 범에게 물려가도 정신을 차려라 : 아무리 위험한 지경에 이르러도 정신만 잘 차리면 살아날 도리도 생긴다.

○. 범에게 열두 번 물려가도 정신을 놓지 말라 : 아무리 위급한 경우를 당하여도 정신을 똑똑히 차리고 있으면 살아날 도리도 생긴다.

○. 범은 그려도 뼈다귀는 못 그린다 : ① 무엇이나 그 외양은 눈으로 환히 볼 수 있어도 그에 담긴 내용은 모른다. ② 사람의 겉모양만 가지고는 그 사람이 속마음까지 알아낼 수는 없다.

○. 범을 그리어 뼈를 그리기 어렵고 사람을 사귀어 그 마음을 알기 어렵다.

○. 범을 길러 화를 받는다 : 화근을 길러서 스스로 걱정거리를 산다.

○. 범의 입을 벗어난다 : 매우 위급한 지경을 벗어났다.

○. 범 잡아먹는 담비가 있다 : 범이 사나워 사람을 잡아먹기가 일쑤지만은 그 범은 또 담비에 잡혀 먹히기도 한다는 뜻으로 위에는 또 위가 있다.

○. 범 탄 장수 같다 : 기세가 더할 수 없이 등등하여 아무도 대적할 이 없을 만큼 두려운 존재다.

○. 사람은 죽으면 이름을 남기고 범은 죽으면 가죽을 남긴다 : 사람은 살아 있을 때 훌륭한 일을 하면 그 이름이 후세에까지 빛나는 것이니 마땅히 선행을 하여야 한다.

○. 사홀 굶은 범이 원님을 안다더냐 : 몹시 굶주리면 아무

것도 가릴 것이 없게 된다.

○. 산에 가야 범을 잡지 : ① 발 벗고 나서야 비로소 성공할 수 있다. ② 어떤 일을 이루려면 그 선행조건을 갖추어야 한다.

○. 산에 들어가 호랑이를 피하랴 : 이미 부닥친 위험은 피할 수 없다. 기피해서는 안될 일, 기피할 수도 없는 일을 기피하려고 할 때 이른다.

○. 산이 깊어야 범이 있다 : 자기에게 덕망이 있어야 사람이 따른다.

○. 산 호랑이 눈썹도 그리울 게 없다 : 도저히 얻을 수 없는 산 호랑이의 눈썹까지도 가지고 싶어하지 않을 만큼 모든 것이 구비되어 있고, 풍부하여 조금도 부족함이 없다.

○. 산 호랑이 눈썹을 찾는다 : 도저히 불가능한 것을 얻으려고 할 때 쓰는 말이다.

○. 삶은 닭이 울까 : 이미 다 틀어진 일에 헛 기대를 하는 것을 이름. 쌍태 낳은 호랑이 하루살이 하나 먹은 셈이다.

○. 새벽 호랑이 : 들에 내려왔던 호랑이가 날이 밝게 되면 산에 돌아가야 됨과 같이 세력을 잃고 물러나게 된 신세를 이른다.

○. 새벽 호랑이나 중이나 개를 헤아리지 않는다 : 긴급할

달래어 환심을 사 두려고 한다.

○. 호랑이끼리 싸우면 다 같이 살지 못한다.

○. 호랑이 꼬리를 잡은 듯, 살얼음을 디딘 듯.

○. 호랑이 굴에 가야 호랑이 새끼를 잡는다.

○. 호랑이는 가죽을 아낀다.

○. 호랑이는 그려도 그 뼈는 못 그린다.

○. 호랑이 날고기 먹는 줄 모른다.

○. 호랑이 날고기 먹는다.

○. 호랑이 대가리의 이를 잡는다.

○. 호랑이는 덮친다.

○. 호랑이는 뒷걸음질을 하지 않는다.

○. 호랑이는 미워도 가죽은 아름답다.

○. 호랑이는 삼대독자도 모른다.

○. 호랑이는 썩은 고기를 먹지 않는다.

○. 호랑이는 죽은 고기는 먹지 않는다.

○. 호랑이 담배 먹던 얘기 : 지금 형편과는 아주 다른 아 득한 옛날 얘기를 말한다.

○. 호랑이 담배 먹을 적.

○. 호랑이더러 날고기 봐 달란다 : 소중한 물건을 염치도 예의도 모르고 믿을 수 없는 사람에게 지켜 달라고 하 면 도리어 더 크게 잃게 될 뿐이다.

○. 호랑이도 곤하면 잔다. : ① 일이 잘 안되고 늘 실패만

거듭할 때에는 차라리 아무것도 하지 않고 기회를 기다
리는 것이 좋다. ② 누구나 곤할때는 쉬어야 한다.

○. 호랑이도 시장하면 가재를 잡아먹는다.

○. 호랑이도 시장하면 나비를 잡아먹는다.

○. 호랑이도 시장하면 왕개미를 잡아먹는다.

○. 호랑이도 쏘아 놓고 나면 불쌍하다 : 아무리 밉던 사람
도 그가 죽게 되었을 때는 측은하게 여겨진다.

○. 호랑이도 새끼가 열이면 스라소니를 낳는다 : 자식을
많이 낳으면 그 중에 사람 구실을 제대로 못하는 자식
도 낳게 된다.

○. 호랑이 이빨 빠지고 발톱 닳으면 토끼도 깔본다 : 권세
를 부리던 사람도 그 권세를 잃게 되면 남들이 멸시하
게 된다.

○. 호랑이도 자식 난 골에는 두남둔다.

○. 호랑이도 제 새끼둔 곳을 아낀다.

○. 호랑이도 죽을 때는 제 굴에 가 죽는다.

○. 호랑이도 죽을 때는 제 집을 찾는다.

○. 호랑이도 제 말하면 나온다.

○. 호랑이 뒤를 따르는 여우의 위세다.

○. 호랑이를 그린 것이 개처럼 되었다.

○. 호랑이를 길러 후환을 입는다.

○. 호랑이를 탄 기세다.

ㅇ. 호랑이를 보면 무섭고, 호랑이 가죽을 보면 탐난다. : 힘든 일은 하기 싫으면서도 남들이 애써서 만들어 놓은 것은 탐을 낸다.

ㅇ. 호랑이보고 창구멍 막기. : 어떤 위험한 일을 당하여 몹시 당황해 하며 미봉책으로 이것을 피하려는 행동을 이른다.

ㅇ. 호랑이 새끼는 산에서 커야 하고, 사람의 새끼는 글방에서 커야 한다.

ㅇ. 호랑이 새끼는 자라면 사람을 물고야 만다 : 무엇이나 어떤 단계에 이르면 반드시 최종적인 결과가 나타나고야 만다.

ㅇ. 호랑이 식사다.

◇ 애호(崖虎)글씨, 충북 영춘(우계홍)

ㅇ. 호랑이 아가리를 벗어나지 못한다.

ㅇ. 호랑이 아가리에서 벗어났다.

ㅇ. 호랑이 안 잡았다는 늙은이 없다. : 누구나 젊어서는
제가 제일 힘이 센 것같이 생각한다.

ㅇ. 호랑이 앞의 개다.

ㅇ. 호랑이에게 개 뀌어준 셈 : 믿을 수 없는 사람에게 주
어 아무런 갚음도 바랄 수 없이 되었음.

ㅇ. 호랑이에게 개를 꾸어 주었다.

ㅇ. 호랑이에게 고기 달란다 : 고기를 즐기는 호랑이에게
도리어 고기를 달라고 한다고 줄 리가 없으니 전혀 경
우에 어긋나는 행동을 함.

ㅇ. 호랑이에게 물려가도 열 두 번 정신만 차리면 산다 :
아무리 무서운 일을 당해도 정신만 똑바로 차리면 해결
할 길을 찾을 수 있다.

ㅇ. 호랑이에게 물려가도 정신을 차려라.

ㅇ. 호랑이에게 물려갈 줄 알면 누가 산에 갈까 : ① 미리
부터 좋지 않고 위험할 줄 알면 아무도 그것을 무릅쓰
고 어려운 일을 하지 않는다. ② 누구나 일을 처음 할
때는 실패할 생각은 아니 한다.

ㅇ. 호랑이 잡고 볼기 맞는다 : 장한 일을 하고도 도리어
벌을 받는다.

ㅇ. 호랑이 잡는 칼로 개 잡는다 : 대단치 않은 일에 지나
치게 큰 계획을 세운다.

ㅇ. 호랑이 잡는 포수가 따로 있다 : 같은 사람이라도 큰
  일 하는 사람이 따로 있다.

ㅇ. 호랑이 잡는 포수는 호랑이만 잡고, 꿩 잡는 포수는 꿩
  만 잡는다 : 사람은 자기가 늘 하던 일 못한다.

ㅇ. 호랑이 잡아 관가 좋은 일만 한다 : 모험을 해가면서
  한 일이 남만 좋게 하였다.

ㅇ. 호랑이 잡으려다 겨우 꼬리만 잡았다 : 큰 포부를 가지
  고 한 일이 겨우 조그만 성과밖에 못얻게 되었다는 뜻.

ㅇ. 호랑이 잡으려다가 토끼도 못 잡는다.

ㅇ. 호랑이 잡을 칼로 개를 잡는 것 같다 : 호랑이 잡는 칼
  이 개를 잡는 칼보다 더 잘 들것이나, 여기서는 반대로
  칼이 잘 들지 않을 때 하는 말이다.

ㅇ. 호랑이와 사슴은 같이 놀지 않는다 : 강한 자와 약한
  자는 가까이 지내지 않는다.

ㅇ. 호랑이와 이리의 마음씨다 : 호랑이나 이리와 같은 악
  한 마음씨.

ㅇ. 호랑이의 탐욕이다 : 호랑이 마냥 몹시 욕심이 많다.

ㅇ. 호랑이 입을 더듬는 격이다 : 매우 위험스러운 행동을
  한다.

ㅇ. 호랑이 없는 골에서는 토끼가 선생노릇을 한다.

ㅇ. 호랑이 없는 산에서는 삵쾡이가 호랑이 노릇을 한다.

ㅇ. 호랑이 입보다는 사람 입이 더 무섭다 : 사람이 먹고

산다는 것이 매우 어렵다.

ㅇ. 호랑이 입을 더듬는다.

ㅇ. 호랑이 차반이다 : 호랑이가 먹을 때는 많이 먹듯이 음식을 많이 먹었을 적에 하는 말.

ㅇ. 호랑이 코빼기에 붙은 것도 떼어먹는다 : ① 위험을 무릅쓰고 이익을 추구함. ② 눈앞에 당한 일이 당장에 급하여 어떠한 위험한 일이라도 하지 않으면 안되게 되었다.

ㅇ. 호랑이 턱에 붙은 고기도 떼어먹겠다 : 돈이라면 위험도 무릅쓰고 덤빈다.

ㅇ. 횃대 밑에서 호랑이 잡고 나가서 쥐구멍 찾는다 : 하는 짓이 옹졸하고 답답하다.

ㅇ. 횃대 밑에서 호랑이 잡는다.   (가나다 순)

2. 수수께끼와 호랑이

수수께끼는 속담만큼 호랑이를 소재로 한 것이 많지 않다. 호랑이 소재가 민담화되어 널리 전승되었기 때문에 짧은 구비문학으로는 제한적이다. 호랑이를 해학적으로 묻는 언술이 보일 뿐이다.

ㅇ. 두렵고 가엾고 더러운 것은? <호랑이가 똥싸고 죽은 것>

ㅇ. 호랑이가 토끼를 잡으려다가 토끼가 호랑이 얼굴에 침을 뱉었다. 그러자 호랑이는 그 자리에서 죽었다. 그 이유는? <호랑이는 아더메치 했기 때문에>

ㅇ. 호랑이가 담배 피우고 가는 것은? <기차>

ㅇ. 호랑이보다 빠른 두 동물은 ? <쥐와 소>

ㅇ. 호랑이보다 더 무서운 것은? <곶감>

ㅇ. 호랑이보다 더 앞서가는 동물은? <여우>

ㅇ. 호랑이를 잡으려면 어디로 가야하나? <동물원>

제6장. 호랑이 전승의 문학적 수용

1. 호랑이의 구비시가적 수용

석양이 넘은 후에 산기는 좋다마는
황혼이 갓가오니 물색이 어둡는다
아해야 범므서온디 나다니지 말아라

이 시조는 윤선도의 일모요(日暮謠)인데, 저녁놀이 진 이후에는 산놀이는 좋지만 호랑이의 출몰이 있을지 모르니 조심하라는 것이다. 호환에 대한 두려움을 이야기하면서도 산 속의 자연에 대한 운치를 유감없이 노래하였다.

민요에서는 호랑이에 대한 표현이 흔하게 나타나지 않았다. 그 사정은 구체적으로 말할 수 없으나 열 두 띠 동물 중에서도 빈도가 가장 낮게 다루어지지 않았나 생각된다. 민요

사설에 보이는 호랑이 노래는 설화처럼 긍정형과 부정형이 나타나는데, 주로 성인 민요에서는 호환과 관련된 주술적 내용과 그에 대한 인식이 보이고 동요에서는 호랑이 모습을 조롱하는 노래가 보인다. 대체로 민요에서 호랑이는 긍정적인 쪽보다 부정적인 쪽이 강조되는 느낌이다.

《한국구비문학대계》(1-2) 경기도 여주군편 387쪽에 서대석이 조사한 <호랑이 쫓는 노래>가 실려 있다. 제보자 이금봉(여)은 어려서 어른들에게 배운 것으로서 호랑이를 쫓는 주문과 같은 것이라고 하였다. 이 노래를 하면 호랑이가 내뺀다고 하였다. 이 각편은 주술성을 띤 노래다.

> 이두두지 저두두지 구만두지 호만두지
> 아홉골에 대사랑 수만부터 왜기리여
> 죽을손여 죽을손가 환가약리부설 약진방

혜산진(惠山鎭)지방의 <호랭이 노래>가 있다. 늙은 호랑이의 모습을 조롱하듯 해학적으로 그려내고 있다.

> 요 뒷산 늙으신 호랭이 / 살찐 암캐를 물어다 놓고
> 이빨은 없어 먹지도 못하고 / 올렸다. 훌쳐 내렸다
> 훌쳐 훌칠훌칠 침만 바른다.

함북지방의 <호랑이 노래>가 있다. 장사꾼을 끌어와서 호랑이의 재난을 피할 것을 촉구하는 내용이다. 과거 호환의

피해 사례로 보면 이런 노래는 많았을 것이다.

> 칠주명천 가믄포 장시야
> 닭이 울건 질행을 나지마라
> 밤중만이 우는 닭은
> 닭이 아니 인의 소리며
> 날이 새건 질행을 하라
> 질주명천 가는 베장사야
> 닭운다고 앞길 바빠마라
> 네발 가진 칼쥐인 닭이
> 꼬꼬하고 소매 잡을라

이 사설에서 '네발 가진 칼쥐인 닭'은 호랑이를 비유한 것이다. 닭이란 말로 대체하였지만 그것은 운율을 맞추기 위해 또는 호랑이를 직접 부르지 않는 금기시하는 습관에서 비롯된 듯하다.

또 판소리 사설에도 호랑이가 등장한다. 신재효 본 <수궁가>에는 호랑이의 형상화가 사실적으로 그려져 있다.

> 범 나온다 호랑이 나온다
> 주홍 입 쩍 벌리고 두 귀는 찢어진대
> 기둥 같은 앞다리며 전통 같은 뒷다리로
> 징긍징긍 걸어나와 누에머리 흔들면서
> 얼룽덜룽 긴 꼬리로 한 번 홱 부딪치더니
> 좌중으로 들어앉으며

를 당하기도 하고, 시골의 목동이들에 나가 멀리 먹이를 찾아 초지를 헤매다가 숲이 울창한 곳에서 갑자기 호랑이를 만나 해를 당하기도 한다. 관리가 조세를 운반하다가도 해를 당했으며, 산에서 나물을 캐다가, 논갈이를 하다가, 물길러 가다가도 해를 당하고 있으니 사람의 생명이 풀처럼 되었으며, 살이 흩어지고 피가 낭자하고, 밤에 피울음소리가 도처에서 들리니 진실로 마음이 슬퍼진다. 이런 이야기들은 안 들었으면 좋겠다.

무인(武人) 홍의부(洪義夫)가 있었는데, 이런 재난을 막을 손재주가 있었다. 홍의부는 기산(祈山)의 나무를 베어 구덩이를 파고 다섯 자 길이의 네 벽 함정을 만들었다. 거기 목책을 두르고 한 쪽만 문판자를 만들어 새끼로 매고 안을 들여다 볼 수 있게 했다. 그 안에는 개를 두어 냄새를 맡고 빠져들게 한 다음 창을 들고 엿보고 있다가 홍의부는 그만 잠이 들었다.

꿈에 창귀(倀鬼)가 큰 호랑이를 타고 홍의부 앞으로 절을 하며 나타났다. "장군은 어찌 죄를 지으려 합니까. 무슨 원수가 져서 그렇게도 잔악하고 난폭한 심성을 보입니까. 그런 심성의 사람들을 알 수가 없습니다. 하늘과 땅 사이에 사는 것은 하늘이 소생케 하고 또 죽게 하는 것인데, 어찌 사람이 나서서 해를 끼치게 하여 죄를 짓는 것은 무엇 때문입니까. 돌이 무슨 죄가 있어, 밀고 갈고 닦고 씻으며 부수고 조각을 내 쓰레기, 모래 등 여러 가지로 만들며, 나무가 무슨 죄가 있어 큰 도끼로 자르며 깎고 끈으로 매달고 태우며, 때로는 잘라서 엮어 도랑에 박아 썩히는 것이며, 물고기는 무슨 죄가 있다고 지지고 포를 뜨고, 망으로 잡아서 배를 가르고 또 비늘을 벗기어 회를 치는 것이며, 새는 무슨 죄가 있어 잡아서 깃을 뽑고 날개를 잘라서 구워 먹으며, 짐승은 무슨 죄가 있기에 활을 쏘아 잡거나, 덫을 놓아 목을 졸라 잡으며 또한 함정을 파 굴속에 빠뜨려 잡아서 배를 가르고 그 털을 뽑으며 가죽을 벗깁니까. 그뿐입니까. 같은 유의 사람조차도 억압하며 짐을 지게하고 욕을 하며 싸우게 하여 혀를 상하게 하고, 병사로 하여금 찌르고 코를 베고 다리를 자르고, 말을 목졸라 죽이고, 심지어 종족을 몰살시키고 하니, 사람들의 난폭함을 이루 다 말할 수 없습니다. 우리 무리들은 장군의 그 함정의 꾀를 더 잘 알고 있습니다. 그러나 평지에 있는 백 천 개의 함정을 모르는 것이 인간입니다.”

이에 홍장군이 말을 끊으며, “그렇지 않다. 하늘은 사람에 있어서만 하늘이지 사람 아닌 존재한테는 하늘이 아니다. 너도 하늘을 거역하면 하늘이 마땅히 죽이게 된다” 하며 잠을 깼는데, 놀라 일어나 보니 큰 호랑이가 함정에 빠져 있었다.

―유몽인 ≪於干集≫ 권5(김종태 역)

이처럼 함정에 빠진 호랑이를 창귀가 대변하는 내용이다. 창귀는 호랑이에 잡혀 먹힌 사람의 귀신으로서 호랑이를 좇아다니며 먹을거리가 있는 곳을 알려주는 것이다. 창귀에 대

◇ 호랑이 기념 연하엽서, 명상속으로/장완두

한 홍장군의 논법은 세대의 비판적 논리를 암시한다. 그의 논법은 유몽인의 생각만이 아니다. 인간본위를 중요하게 여기는 사람들의 통념을 홍장군을 통해 대변했을 따름이다. 결국 이 글도 〈호질〉처럼 호랑이의 죽음이라는 종결에도 불구하고 사유의 여운을 끊임없이 남기면서 인간에 대한 존재론적 물음을 논쟁적으로 불러일으키고 있다. 이외에도 여기서다 밝히지 못한 문학의 호랑이를 다음번에 보충하여 들려주기로 약속하고 싶다.

제7장. 호랑이 어록—호돌이 민속여행

1. 호랑이 마을비를 찾아서

충주시 호암동 원호암마을에는 '범바위'라는 마을자랑비가 있다. 이 마을은 범바위 아래에 있다고 하여 붙여진 것인데, 그 내용은 다음과 같다. 금봉산(일명 남산)은 우리 조상의 숨결이 깃들어 있는 명산이다. 이곳에 우뚝선 저 바위가 옛날 산신령으로 추앙받던 호랑이가 오르내리며 사천개(이 부근의 옛이름)를 돌보던 파수대같은 곳으로 이름하여 범바위라고 불리웠고 지금은 호암이라는 자랑스런 동명(洞名)이 되었다. 권선징악을 전통으로 양민만이 모여사는 곳, 축복받은 마을이다. 저 바위를 보아! 백절굴론의 강인한 민족의 상징이며, 원형이정(元亨利貞)의 인생진리를 시사하고 있다. 이곳에 생을 받은 우리들, 범처럼 정의롭고 슬기로우며, 힘차게 정진하자. 호돌이가 88올림픽을 빛냈듯 더 많은 영광의 우리를 기다리고 있다. 이 글로 보아 마을 사람은 이 범바위를 통해 지역의 자긍심과 호랑이의 진취적인 기상을 느끼고 있음을 알 수 있다.

2. 호랑이 풍수론

풍수설은 천지의 기(氣)가 잘 어울리고 그 가운데 인간의 위치가 그 조화를 도와야 함을 전제로 한다. 호랑이는 일찍이 민간풍수설에서도 중요시되어 왔다. 동양의 음양오행관념에서는 우주를 진호(鎭護)하고 동서남북 사방을 수호하는 상징적 동물을 방위신으로 설정하고 있다. 곧, 동쪽에는 청룡(靑龍), 서쪽에는 백호(白虎), 남쪽에는 주작(朱雀), 북쪽에는 현무(玄武)라는 이름을 가진 방위신이 있다고 본 것이다. 이들 네 가지 신은 사방을 수호하는 방위신으로, 풍수지리에서는 좌청룡·우백호·전주작·후현무라 하여 매우 중시되었다. 좌청룡·우백호가 서로 어울려 여러 겹으로 주변을 감싸는 것을 최고의 명당으로 인식하였다.

무덤을 쓸 때에는 좌청룡·우백호를 보아 자리를 정하고, 무덤을 보호하는 능호석(陵護石)에는 12지신의 하나로 호랑이 상을 새겼으며, 무덤 앞의 석물에도 호랑이 상을 조각하였다. 사방을 수호하는 방위신으로서의 네 가지 신은 풍수에서뿐만 아니라 부대의 깃발과 포진에도 응용되었다. 12지신은 땅을 지키는 12신장으로 열두 방위에 맞추어서, 쥐·소·호랑이·토끼·용·뱀·말·양·원숭이·닭·개·돼지를 수호신으로 삼고 있다. 이 12지신상은 신라가 삼국을 통일하기 전까지는 밀교의 영향으로 호국적인 성격을 지녔으나 삼국통일 이후는 단순한 방위신으로서 그 민족적 성격이 바뀌었다고 본다.

3. 호랑이 부적론

경북궁 후문인 신무문의 문판에는 딴 데서 볼 수 없는 백호 그림이 붙어있었다고 한다. 백호부적은 호랑이를 공갈하여 들어오지 못하게 한 것이다. 태종 때 명사수 김덕생(金德生)이 호랑이로부터 임금을 보필하고자 화살을 쏴 호랑이를 막았으나 도리어 이 일로 처형당하였다. 이 후로 왕궁의 호환안보의 방책으로 백호그림을 붙인 것이다.

세조 때 경복궁을 짓는 일이 잘 진행되지 않자, 그 까닭에 관악산의 호랑이 기운이 여기에 미쳐서 그렇다 하여, 관악산에 석조 호랑이 상과 호압사(虎壓寺)라는 절을 세웠다. 이렇게 해서 세워진 호랑이 상이 바로 부적인 셈이다. 건물의 지붕 제일 위쪽에도 호랑이 상을 부조한 기와를 이었고, 또 망와(望瓦)로 호랑이 모습을 지붕 위에 얹었다. 이런 것들과 함께 많은 호랑이 그림을 모두 부적으로 생각할 수도 있을 것이다. 그림, 조각뿐 아니라 실제 호랑이의 수염, 발톱, 이빨도 장식을 달아 각각 부적으로 지녔다.

호랑이 그림을 소재로 하여 직접 그리거나 판화로 붉게 찍은 여러가지 목적의 부적을 볼 수 있다. 이들 부적을 오늘날처럼 문위에 붙이거나 몸에 지니거나 때로는 태워서 먹기도 했는데, 붉은 색을 내는 흙의 일종인 주사(朱砂)는 한약재로서도 쓰이니 태워 먹었을 경우 약효도 있었을 것이라고 속신적으로 연상하였다. 호랑이 부적의 위력은 여느 동물보다 크다고 믿었고 지금도 민간에는 전승되고 있다.

◇ 길상부
신년보희(新年報喜)의 상서로운 뜻을 갖는 새해맞이 목판인쇄 부적

4. 호랑이 민속그림론

한국 민화에서 호랑이는 매우 빈번하게 등장하고 있다. 이 것은 호랑이가 사(邪)된 귀신을 물리치는 신통함이 있다고 믿었기 때문이다. 매년 정초가 되면 궁궐을 비롯하여 일반 민가에서도 호랑이의 그림을 그려 대문에 붙여서 사된 것의 침입을 막는 풍속이 있었다. ≪동국세시기≫에서는 "민가의 벽에 닭이나 호랑이의 그림을 붙여 재앙과 역병을 물리치고 자 한다."고 기록하고 있다. 이러한 벽사의 염원은 호랑이 삼 재부적에서 잘 나타내고 있다. 삼재는 풍(風)·수(水)·화(火) 에 의한 재난을 의미한다.

이와같이 정초의 세화(歲畵)나 부적에 호랑이가 등장하게 된 이유는 호랑이의 용맹성을 바탕으로 벽사행위의 완성을 꾀하려는 의도라고 추측된다. 부적이 점차 풍속화하여 일반 그림에까지 호랑이가 친근하게 나타난다. 민화에 자주 등장 하는 까치와 호랑이의 그림도 길상의 의미를 담고 있다. 무 관의 표시로 관복의 흉배에 호랑이를 수놓았기 때문에 민간 에서는 호랑이그림을 걸어두면 관직이 높은 귀한 아들을 얻 을 수 있다고 생각하였다. 흔히 길상의 의미를 지니고 있는 까치·호랑이의 그림이 많이 그려지게 된 것이다. 대나무숲 에 있는 호랑이 그림도 벽사적 의미가 담긴 민화이다. ≪담 문록(談聞錄)≫에 의하면 서방 산중에 인간에게 병을 주는 키가 큰 산귀가 살았는데, 대나무를 잘라 불속에 던져 큰 소리로 그 귀신을 쫓아버렸다는 것이다. 큰 소리로 포효하는 호랑이 모습과 대나무숲을 그린 그림으로 병귀를 쫓고자 한 것이다. 이와같이 민화에 등장하는 호랑이는 사된 존재를 멀리하고 기쁨을 가져다주는 벽사적·길상적 의미가 강하였다. 또 희화된 호랑이는 민중의 낙천적 사고에서 나온 산물이다.

5. 호랑이날(日)과 세시풍속

음력 정월의 첫 호랑이날(寅日)에는 특히 여자의 출입을 삼가한다. 남의 집에 가서 대소변을 보면 그 집사람이 호환(虎患)을 당한다고 믿었기 때문이다. 이 날에는 일을 하지 않는다. 이 날 일을 하면 호랑이가 물어간다는 속담이 있다. 인일(寅日)을 한자의 '人日(인일)'로 직역해 사람의 달로 부르기도 한다. 이런 연상으로 잔치·약혼·택일 등을 하면 좋다고 한다. 반면에 인일은 귀신이 싫어함으로써 제사지내거나 귀신에게 빌고 축원하는 일을 하면 오히려 손해라고 한다. 나아가서 모든 범날, 남의 집에서 소변보는 일, 잠자는 일을 좋지 않게 생각했고(충청·경상지방), 그날은 신발을 감추어 두는 것이 좋다고도 했다(경상지방). 호랑이를 보면 그 신발의 주인공을 잡아간다는 말이 있었다. 호랑이날의 습속은 주로 세시풍속과 관계가 있다.

6. 태백산 호랑이와 출몰설

　1996년 겨울부터 태백산에 맹수가 나타났다는 보도가 있었다. 태백시 동점동 속칭 사군달리 흑염소 목장에서 흑염소를 잡아가며 남긴 발자국은 앞발과 뒷발 사이가 100m정도에 보폭은 1m쯤으로 일자(一字)걸음이 있다. 이는 어른 주먹 크기로 고양이과 발자국 형태를 띤 것이라고 마을 사람들은 말했다. 이에 대해 전 서울대공원 김정만(金正萬) 동물부장은 "국내에는 이미 호랑이가 사라졌다"라고 하였다. 환경부에서도 제네바 CITES(멸종) 위기에 처한 야생동식물의 국제거래에 관한 협약)에 제출한 <호랑이 보도를 위한 국가보고서>를 통해 국내에 호랑이가 한 마리도 서식

◇ 호랑이 출몰설 지역(태백시)

하지 않는다고 하였다. 제출된 보고서에는 호랑이가 1900년대에 한반도 전역에서 서식하고 있었으나 일제 때 남획과 산림황폐로 인한 서식지 파괴 등으로 43년 이후 완전히 멸종되었다고 하였다. 현재 북한 백두산 주변에서 10마리 이내의 백두산 호랑이가 살고 있는 것으로 알려져 있다고 말했다.

7. 호랑이 기우제론

사한단(司寒壇)은 동빙고에 있으니, 얼음을 저장해야 하는데 겨울이 너무 따뜻하거나 눈이 오지 않으면 춥기를 빌어 제사를 지낸다. 용단(龍壇)은 한강 가에 있으니, 가물면 호랑이 머리를 물 속에 넣어 제사지내고 비를 빌었다. (《용재총화》)

기우제 때 비를 비는데, 호랑이의 머리를 저수지에 넣거나(경기지방), 그대신 개의 머리를 물 속에 넣고 지내는 것은 (《동국여지승람》), 모두 호랑이의 위풍을 빌어 일종의 으름장을 놓는 것이다.

큰 산마루에 둘레가 백여 자나 되는 큰 연못이 있다. 폭포가 돌쩌귀에 떨어져 큰 연못을 이루어, 그 모습이 절구(臼)의 형태와 같아 그곳을 구연(臼淵)이라고 했다. 사람들이 전하기를 여기에 용이 있어 가뭄을 만났을 때, 호랑이 머리를 그곳에 가라앉히면 물이 용솟음치고 비가 쏟아진다고 했다.

《동국여지승람》권 22

8. 호랑이 물리치는 법

산 속에 들어가서는 <의강(儀康)>을 외면 호랑이의 위협을 당하지 않는다. 밤의 산길에서 노래를 하거나 큰 소리를 내지 말아야 한다. 범이 들으면 쫓아와 잡아먹는다는 것이다. (《山林經濟》권 4) 중용(中庸)의 서문을 소리내어 욈으로써 범을 방지했다고 한다.

혼자 가는 으슥한 산길에서 호랑이가 어슬렁 어슬렁 뒤를 따라온다. 사람은 두 발, 호랑이는 네 발인지라 곧 거리가 가까와진다. 그렇다고 뛰다가는 호랑이를 흥분시켜 무슨 일이 생길지도 모른다. 이런 때 주머니에서 돌을 꺼내 침을 발라 뒤따르는 호랑이에게 던져주면 호랑이는 열심히 그것을 냄새맡고 굴리다가 핥기도 한다. 사람 침 냄새 나는 돌멩이가 호랑이에겐 궁금한 모양이다. 그러는 동안 상당한 거리가 생기고, 다시 가까와지면 또 침바른 돌멩이를 던지곤 해서, 인가 가까이까지 내려오게 된다. 강원도 민중들은 먼길을 갈 때는 돌멩이 몇 개를 주머니에 넣고 간다는 옛말이 있다고 한다.

— 김소운 <호랑이그림>

"호랑이가 따라올 때 일부러 코피를 흘리면 호랑이는 피해 간다. (평안도)" "호랑이가 따라올 때 돌을 뒤집어 놓으면 호랑이가 따라오지 않는다. (평안도)" "계집애가 바구니를 머리에 쓰면 호랑이에게 먹힌다. (황해도)" "정초에 호랑이 고기를 먹으면 불길하다. (충청도)" 등 많은 호랑이에 대한 속신어지만 피해를 입었던 민중계층에서 나온 경험적인 진술일 것이다.

범은 창호지를 못 본다는 말이 있다. 옛사람이 험한 산길을 갈 때는 흰 창호지로 옷을 지어 입고 다녔다고 한다. 옛날 산골에선 방문에 창호지 대신 헝겊을 발랐는데, 이는 호랑이가 창호지를 투시해 보고 먹을 사람을 가려내기 때문이라고 한다. 사람은 먼지를 못 보고 호랑이는 눈을 못 본다. 그래서 눈이 오면, 발바닥이 축축한데 보이지는 않고 하여 자꾸 뛰어다닌다고 한다. ≪한국호랑이≫(1986)

9. 압록강의 범 사냥꾼

조선시대 사냥꾼은 평소에는 수렵에 종사하지만 유사시에는 포군으로 의병, 동학군 등으로 변신하였다. 포군은 호랑이와 같은 맹수를 잡을 정도로 용맹하였다. 조선조 말 대원군 때에 프랑스 해군이 선교사의 학살을 문책하기 위해 인천항에 도착하였을 때, 또 미국 군함 셔만호가 대동강에서 침해당한 책임을 추궁하려고 인천에 도착하였을 때, 정부에서는 평소에는 등한시하던 사냥꾼(獵師)들을 모아 조직한 '엽호대(獵虎隊)'로 하여금 출전하게 했다. 사냥꾼들은 사제 화승총을 휴대했으며 수도 이삼백명에 지나지 않아, 신예무기를 가진 외국 군대를 감당할 수는 없었다. (이상오의 <한국야생동물기 수렵비화>에서) 당시로선 조선의 정예부대였던 엽호대는 주로 압록강 일대에서 사냥하던 이들로 이루어졌기에 '압록강의 범 사냥꾼'이라 불리기도 했다.

10. 심메마니와 호랑이

산삼을 캐기 위해 나선 심메마니 일행 가운데 부정한 사람이 있으면, 피워둔 황득(모닥불)이 자꾸 꺼지거나 호랑이가 나타난다고 한다. 산삼은 산신령격인 호랑이가 점지해 주어야 한다고 믿었다.

까치는 호랑이 위로 여러 마리가 소리내며 따라다니곤 하는데, 이것으로 사냥꾼에게나 약소 동물에게 경보가 되는 것이다. 호랑이에게 까치는 방해물이지만 공중에 있으니 어떻게 할 수가 없다. 용의주도한 호랑이의 접근을 그만 까치가

다 들통내곤 한다. 그렇게 해서 튀는 먹이를 호랑이는 쫓아
가 잡지는 않으며, 실상 호랑이는 먹이를 놓치는 경우가 많
다고 한다.

11. 호랑이를 호칭하는 방언―≪한국호랑이사전≫

　호랑이는 신령스런 동물로서 대접받고 대로는 친근한 아
저씨처럼 대우받을 만큼 지역에 따라 그 이름 또한 다양하
다. '라'와 범의 언어적 변형임을 알 수 있고, 지킴으로서 신
격성을 부여한 흔적을 찾을 수 있다.

개오지(전북 무주)	호오라이(경북 포항)
대추니(강원 춘천)	호래(단양, 홍천)
도루바이(평북 강계, 고성)	호래이(경북)
도루바리(함남 풍산)	산돌이(강원)
두루바리(함남 혜산)	산지킴이(충청)
버엄(충북 청주)	산찌검이(경상도)
산실령(충남 부여)	호랭이(경기, 강원, 충청, 전라)
산주인(평북 후창)	호래이(전남, 경상)
오래이(경남 거제)	호레이(경남)
왕누니(경기 양주)	호렝이(경북)
호라이(경북 경주)	

이처럼 호랑이는 한국 사람에게 사랑을 받았다. 오늘날 호돌이와 호순이처럼 말이다.

12. 청산맹호(靑山猛虎)론

충청도를 청풍명월이라듯이 평안도를 호랑이로 연상하여 '청산맹호'라고 한다. 평안도 사람에겐 확실히 호랑이 기질이 있다. 호랑이 살림 꼴이나 버릇을 합리적으로 살펴보고 반드시 거기에 맞추어 하는 말이 아니다. 그것으로 한다면 호랑이란 고기 먹는 짐승인데, 평안도 사람은 결코 남을 잡아먹기 좋아하는 사람들이 아니다. 서울 중아 집권 중심에서 따돌림을 당한 사람들이 남의 고기를 먹을 기회가 있을 리가 없다. 정말로 육식은 정치가만이 하고 있다. 일거리보다 뜻을 더 중요하게 여기는 옛날 사람들의 이야기는 사실과는 엉뚱한 우화적인 것이 많이 있다. "용은 구름을 부르고, 범은 바람을 일으킨다"는 따위가 다 그것이다.

옛 사람 보기에 호랑이는 날쌤의 화신이었다. 호랑이는 나갈 줄 알고 물러갈 줄 모른다느니, 곧은 목이어서 돌이킬 줄 모른다느니, 죽어도 앉아 죽는다느니, 짐승의 왕이니 하는 말이 다 그것을 말하는 것이다. 평안도를 호랑이라 하는 것은 주로 그 용기를 말한다. 팔도 평에 평안도를 청산맹호라 혹은 맹호출림(猛虎出林)이라 하는데, 그것을 칭찬으로 한

◇ 산신각 호랑이

것인지 흙으로 한 것인지 모르나 평안도 사람의 그 호랑이 기질이 널리 알려져 있다. 사실 기질이 기질이지 거기에 무슨 좋다 나쁘다가 있을 것 없다. 기질은 정신적 공기와 같은 것이니 그 속에 태어났으면 그래도 제 기질껏 살 일이다. 호랑이가 소노릇 하잘 것도 없고, 부처가 거울 속 그림자 노릇 하잘 것도 없다. 모든 걸 제자리에 쓸 데 썼으면 그만이다. 밭을 가는 날엔 소를 쓰겠지만 승냥이떼가 들어왔으면 범이 아니면 아니 될 것이다.

청산맹호는 청산맹호대로 보라. 왈칵하고 뒤가 없다 하지만 벽산이 무너지게 한 번 호통하고 마니 호랑이지, 호랑이가 강아지처럼 줄곧 짖는다면 어찌 견딜 수 있겠는가. 평안도는 평안도대로 쓰고 함경도는 함경도대로 쓰자. 서로 비평

하는 것은 마음이 좁기 때문이다. 만물이 가지가지로 어석더석한 것은 큰 눈을 뜨람이 아니겠는가. 멀리서 크게 보면(大觀) 하나로 산 우주다. 사람사람의 성격이 서로서로 다른 것은 사랑하는 가슴 열라는 것 아니겠는가. 하나로 가까이 잡으면 모두 다한 것이다. 이 <청산맹호론>은 기질론이기보다 호랑이가 한국 사람 또는 고구려 사람과 연상하여 만들어 낸 민속적 담론일 뿐이다.

13. 평안도 기질 호랑이론

호랑이가 무엇이 호랑이냐? 상놈이 호랑이다. 범(凡)이 범이다. 짐승에서는 발톱 날카롭고 무늬 돋은 것이 호랑이나, 사람에게선 톱 없고 문(文)없는 것이 호랑이요 왕이다. 옛날엔 또 몰라도 적어도 지금엔 그렇다. 옛날에도 높은 자리에 앉은 임금이란 공연히 죽은 호랑이 가죽이지, 사실 산 임금은 민중이었다. 그래 민심이 천심이라는 것 아닌가. 평안도가 호랑이라는 것은 그것이 계급없는 민중의 땅이기 때문이다. 그 용기도 민중한테서 나온 것이다. 무늬 없는, 글 없는 민중이기 때문에 날쌔고 힘있는 것이다. 무지 무식하기 때문에 왈칵하는 것이지, 작은 지혜·지식의 분별을 한다면 힘이 못 나온다. 그것은 힘은 하나됨에서만 나오는데, 알아가지고는 하나는 못되기 때문이다. 알면 분별이지, 곧 분(分)이요,

별(別)이지, 하나는 못된다. 민중은 난 대로 있으므로 소(素)요, 박(朴)이고, 단이요, 순(純)이므로 하나다. 한 소리만 하는 것이 민중이다. 한 소리가 참 지(智)다. 정말 지는 민중이다. 양반이라 갈라질 수밖에 없고, 싸울 수밖에 없다.

민중은 각각 제로라 할 줄을 모르기 때문에, 제 지킬 소유도 지위도 없기 때문에, 한 소리일 수밖에 없다.… 내가 백두산 호랑이를 보았노라고 말하는 것이다. 호랑이 담배 피우던 시절이라고 전제하면서… 이상은, 함석헌 호랑이론 일부다.

14. 호랑이의 족보론

한국은 예로부터 호랑이와 인연이 깊은 나라라고 말한다. 본래 호랑이는 인도로부터 만주를 거쳐 한반도에 많이 살고 있었으며, 그 중에서도 백두산을 중심으로 한 호랑이가 특별히 그 성질이 사납기로 유명하다는데, 그래 일찍부터 그것과 싸워 오며 해를 많이 입어서 그런지, 예로부터 호랑이에 관한 전승물이 많다.

우리는 어머니 무릎서부터 호랑이의 옛말을 들으며 자라온 민족이다. 호랑이와 같이 놀며, 싸우며, 살면서 자라온 사람들이다. 그렇기에 단군시대부터 이야기서부터 호랑이 이야기가 들어 있다. 백두산에서 개마고지를 타고 번져 내려오면서 나라의 등뼈가 된 고구려의 후손인 평안도 사람에게 호랑이 같은 기질이 있다는 것은 북방계 인성론을 만들어낸 것이다.

그런데 민담에 나타난 호랑이의 지위를 보면 축소되었지만, <단군신화>에 보면 한웅이 인간세계에 내려올 때 곰 한 마리, 호랑이 한 마리가 있어서 사람이 되게 하여 주기를 빌기에 마늘과 쑥을 주며 21일을 지내라 했더니, 호랑이는 그것을 참지 못해 사람이 못되고 곰은 그대로 지켜 여자가 되어 그 여자와 혼인해 단군이 나왔다고 되어 있다.

이것은 하나의 신화요, 앞에서 논의한 대로 역사가들이 해석하는 모양으로 원시시대 어느 사회에서나 대개 보는 동물 숭배의 남은 그림자인지 모른다. 그러나, 그렇다 하더라도 그 뜻에 남긴 함의는 무엇인가. 곧 주문을 지켜 사람이 됐다는 것은 그때 밖으로부터 온 지배자들과 결탁 동화하여 한 귀족계급을 이룬 부족을 말함이요, 지키지 못해 사람이 못됐다는 범은 밀려진 계층을 말하는 것이라 추론할 수 있다.

곰은 임금이니, 왕검이니, 곰나루니, 곳곳에 있는 검산이니 하는 말이 표시하는 모양으로 신(神)이라는 뜻으로 많이 실려 있다. 일본말에도 가미(上, 神)란 말로 남아 있다. 그러나 범이니, 호랑이니 하는 말은 지명이나, 사람 이름에나, 관직 이름에나 별로 있는 것 같지 않다. 그러나 그와 반대로 민간 신앙에 들어오면 범은 대단히 중요한 자리를 차지한다.

한국 사람은 반드시 산신령을 믿었는데, 그 산신령에는 꼭 호랑이가 따라다닌다. 절에 가면 어디나 반드시 산신령 그림이 있는데, 그 산신령은 언제나 범을 데리고 있다. 산신령은 본래 불교에 있던 것은 아니다. 불교와 원시신앙이 융합하면서 만들어낸 것이 호랑이 산신앙의 전승이다.

이처럼 호랑이는 반슬기질을 표하는 것이라 볼 수 있다. 또 거기까지는 위험하다 하더라도 적어도 곰이 정치와 결탁한 나라의 종교를 표하는 대신 호랑이는 민간신앙을 표현한 대상물로 자리한 것이다.

호랑이는 늘 친함을 입지 못하면서도 매우 영그러운 것으로 두려워함을 받는다. 그것은 개혁, 혁명을 표시한다. 무서운 파괴력을 가지면서도 잔인하지도, 음험하지도, 구구하지도, 끈덕지지도 않은, 그리고 변화막측(變化莫測), 자유자재, 대범과단한 호랑이로써 그 신앙의 대상을 상징하는 데 뜻이 있다고 하였다. 이것은 중국 사람이 고구려 사람을 평하여 강용이근후(剛勇而謹厚), 질직강용(質直剛勇), 불위구초(不爲寇秒), 견인유환투사구지(見人有患投死救之)라 한 말과 서로 들어맞는 일이다. 고구려의 기질은 호랑이다운 것이요, 그 기질은 쇠하였을망정 평안도 사람들에게 남아 있다고 볼 것이다.

호랑이가 모든 짐승의 왕으로 있으며, 그 신령으로 온 산을 다스리고 억만 가지의 잎새가 그 휘파람으로 움직이는 것이로되, 그 형태를 나타내는 일이 극히 드문 것과 같이, 민중이 그 나라의 주인이요, 그 정신으로 굴러가는 것이나, 그 얼굴을 드러내는 일은 매우 보기 어렵다. 민중도 호랑이같이

용맹하면서도 착하기 때문에 숨은 자면서 어진 이다.… 이
글은 함석헌의 이야기를 필자가 부분적으로 고친 것이다.

15. 호두령(虎頭鈴)

　방울이 호랑이의 얼굴을 새겨, 그 소리로 하여 사기(邪氣)
가 범접 못하게 하기 위한 것이었다. 흔히 말의 목에 걸었다.
소의 목에 거는 쇠방울은 그 소리로 하여 호랑이가 접근하
지 못하도록 하기 위한 것이었다. 쇠방울과 함께, 코뚜레와
뿔 사이의 굴레에 종지만한 도금된 쇠를 양쪽에 세 개씩 붙
이는데, 이것을 광안(光眼)이라고 한다. 이것은 장식용이기도
하지만, 짐승을 만났을 때 짐승의 초는빛을 되반사하여, 밤
길에 호랑이를 비롯한 다수의 접근을 방지하고자 하는 것이
었다.
　호랑이를 비롯한 다수들은 불빛이나 쇠소리를 싫어한다.
바람부는 날은 짐승의 신경이 날카로와져 위험한데, 산 속의
절에서는 바람따라 나는 풍경소리로 짐승의 접근을 막는다.
절에 시주하는 것 중에 인등(引燈) 시주는 법 등을 밝힌다는
뜻도 있지만, 실제로 산짐승의 접근을 막는 역할을 한다.

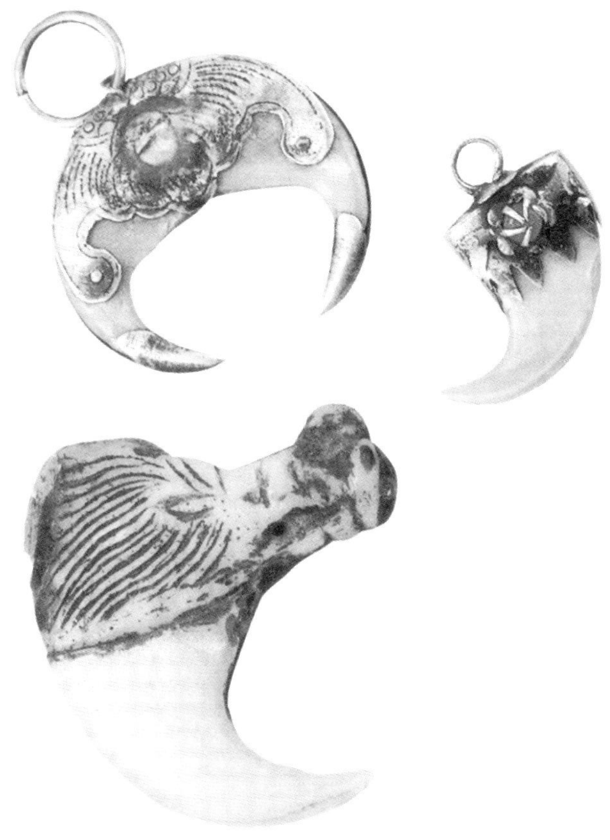

◇ 호랑이 발톱 노리개
　맹수의 이빨이나 발톱이 악귀나 짐승을 쫓는다는 믿음에서 노리개
호신부적으로 만들어 차고 다녔다.

16. 호랑이 신(虎腎)

호랑이 신(腎)은 뜨겁기가 불덩이 같다는 것이다. 그래 호랑이는 일년에 꼭 한 번 섣달 그믐날 밤중에 교미하는데, 이 하룻밤의 한 번을 위해서 숫호랑이는 굉장한 고생을 한다. 즉 그놈을 그냥 쓰면 상대편의 몸을 데게 할 뿐 아니라 일도 성립 안되므로, 그것을 꺼내 여러 날을 식히고 얼려 그믐날 한 번 써먹는다고 한다. 그래서인지 대만의 백만장자들은 일부 최고급 식당에서 은밀히 호랑이 성기(性器)수프를 즐긴다. 호랑이가 현재 멸종 위기에 처해 있는 만큼 한 접시에 2만 달러를 호가한다.

◇호랑이 성기(性器) 수프

호랑이의 강한 기질을 이용한 속신적인 양생법이다. 병은 악귀가 꾀어서 그렇다고 생각하였는데, 부스럼이 생겼을 때는 악귀를 개로 전제하고, 부스럼 위에 '狗' 자를 쓴 다음 그 주위에 아홉 개의 '虎' 자를 쓰는 치료법도 있었다.

17. 호랑이와 불교

이미 설화편에서 ≪삼국유사≫에서 김현과 신도징이 호랑이와 인연을 맺었으나 김현의 호랑이는 몸을 던져 구했고 신도징의 호랑이는 배반하고 달아났다. 두 이야기의 압권은 전자인데, 김현이 그 보답으로 호원사(虎願寺)를 짓고 늘 ≪범망경(梵網經)≫을 강의해 호랑이의 저승길을 인도한 대목이다. 이와 연유하여 호랑이에 물린 데에 된장을 바르는 풍속이 전승된다. 호랑이도 부처님의 가피를 입은 좋은 예다. 호랑이가 산신각에 자리잡은 모습도 이런 이야기와 연결되었을 것이고, 이 때 호랑이는 인간의 길흉화복 관장에 대한 사려 깊은 자세다.

또 ≪삼국유사≫의 <혜현구정(惠現求靜)>에도 불교의 효험성이 보인다. 혜현 스님은 백제의 스님으로서 ≪법화경≫ 외우기를 통해 수도를 다하였으나 입적하였다. 동료 스님들이 스님의 시신을 석실에 두었는데 호랑이가 와서 몸은 먹었으나 머리와 혀는 먹지않았다. 추위와 더위가 세번 오갔어도 혀는 오히려 붉고 자주빛이 나다가 돌로 변했다. ≪법화경≫의 영험이 호랑이를 움직였으며 ≪법화경≫을 외운 혀가 방광(放光)하다 사리로 변했다고 보여진다.

18. 호랑이 꿈론

호랑이 꿈은 어머니가 깊은 신앙심을 지닌 자식들이 많이 꾼다. 호랑이를 꿈에 보면 강골이 된다(경상도), 임신한 여자가 꿈에 호랑이를 보면 아이의 장래가 좋다(경기도)는 등 옛부터 꿈풀이가 있어 왔다. 서양에서의 사자와 같이, 호랑이는 백수의 왕으로서 그 체구와 힘, 우렁찬 울음소리의 특징으로 하여, 큰 사업체와 벅찬 일거리, 그리고 승리·득세·권리·성공 등과 관련하여 꿈풀이를 해 왔다. (한건덕 <꿈의 예시와 판단> 참고)

◇ 중국 호랑이 탈 : 장정룡교수 제공

호랑이 태몽은 좋으나 그 자식과 말년에 함께 사는 것보다 따로 사는 것이 좋다고 한다. 방안에서 새끼 호랑이가 노는 꿈은 사고 위험이 있으니 조심해야 한다. 알몸으로 호랑이가 소를 업고 집으로 들어오는 것을 보면 확고한 결단성이 요구된다. 호랑이와 외설적인 방법으로 성교를 하는 꿈은 타인에게 감언으로 속을 가능성이 있다고 한다.

특히 태몽으로 호랑이 꿈을 많이 이야기한다. 아기의 상징으로서 호랑이를 생각하여, 기상이 남다른 아이를 낳을 것을 예시한다고 풀이했다. 따라서 호랑이 꿈을 꾸고 여아를 낳으면 아기팔자가 사납다고 하는데, 이는 여자와 호랑이의 속성이 서로 맞지 않아 그런 속신적 말투를 했을 것이다. 호랑이를 타고 달린다, 싸워 이긴다, 잡아죽인다, 쫓긴다, 그 가죽을 얻는다, 으르렁대는 것을 본다, 물린다, 삼켜 버린다 등 호랑이 꿈은 대개가 '길몽'(吉夢)으로 본다.

◇ 라후족의 호랑이 그림 : 장정룡교수 제공

19. 라후족과 호랑이

라후족은 태국 산간지대와 중국의 운남성, 태국 치망라이 등지에 살고 있다. 라후족은 호랑이를 수호신으로 믿고 있는 종족이다. 장정룡(1997)은 이들이 호랑이를 '라' 또는 '라론'이라고 부른다고 말한다. 우리의 호랑이라는 어휘도 한자어인 호(虎)와 고유어인 '라'가 합성되고 접사 '-이'가 붙었을 것이라고 보았다. 설득력이 있는 주장이라 생각하여 여기에 소개한다.

'라후'라는 종족 이름을 중국에서는 호랑이 사냥꾼이라 하는 점에서 '호랑이를 기르는 사람'을 라후의 본래 의미인 것이다. 라후족은 일식현상을 호랑이가 해와 달을 뜯어 먹는 것으로 사유하는데 ≪법화경≫에서는 라후를 범어로 해와 달을 능히 가릴 수 있는 별자리인 식신(食神)으로 풀이하고, 인도 아리안어에서는 태양신을 라후라고 말한다. 우리 문헌에도 '라후'는 태양을 가리키는 것으로 되어 있다.

라후라는 명사는 ≪악학궤범≫ <처용가>에서 "신라성대소성대 천하태평 羅候德"이라 하여 태평세월이 라후의 덕택이라 한다. 홍석모의 ≪동국세시기≫에는 라후직성이 보이는데, 남녀 나이가 라후직성에 들면 제웅을 만든다고 하였다. 나이가 해와 달의 직성을 만난 이는 종이로 그 해의 모양을 만들어 나무에 끼워 용마루에 꽂는다. 라후족과 우리의 호신 숭배는 유사한 점이 많다. 그래서 라후족의 호랑이 풍속은 우리의 고대 호랑이 숭배의식을 엿볼 수 있어 주목할 만하다.

20. 호식장(虎食葬)

호랑이는 사람을 잡아먹고 나서 머리를 남겨두며 때로는 머리 외에 시신의 일부를 남긴다고 김강산의 ≪호식장≫(1988)에서 밝혔다. 그것을 유족이 찾아내어 발견한 장소에서 화장을 하고 재만 남은 위에 돌무덤을 만들고 그 위에 시루를 엎어 높고 그 시루 구멍에 가락을 꽂아 놓는 특이한 형태의 무덤을 호식장이라고 한다. ①화장(火葬)에는 모든 사악함을 태워 완전 소멸시키고자 하는 뜻이 있고, ②돌무덤에는 성황당의 돌무덤이나 조산처럼 신성한 지역을 뜻하고, 창귀를 가두는 뜻이 있고, ③가락에는 무기를 뜻하고, 벼락을 뜻하며, 가락의 용도처럼 맴돌기 만하고 빠져 나오지 말라는 뜻이 있다. 이 요인이 복합적으로 작용하여 무서운 창귀를 제압하는 것이다. 창귀는 물귀신과 같이 다리를 놓는다. 다리(혹은 사다리)를 놓는다는 것은 다른 사람을 하나 집어넣고(잡아 먹히게 하고) 자기는 그곳을 빠져 나와 좋은 곳으로 가는 것을 말한다. 그래서 창귀는 또 다른 창귀를 만들어야 하고 필연적으로 어느 누군가가 호랑이에게 잡혀 먹혀야 된다는 것이다.

호랑이에게 영원한 종(노예)으로 묶여 있는 창귀는 그 지옥 같은 곳을 빠져 나오려 하고 살아있는 사람들은 호랑이에게 잡혀 먹히지 않으려고 애쓰는데 번번히 사람은 호랑이에게 잡아 먹혀 창귀의 다리 놓기에 걸려들게 되는 것이다. 그러한 다리 놓기의 악순환을 막고자 화장을 하고 돌무덤을 만들고 시루를 엎으며 그 위에 가락을 꽂는 것이다.

화장을 하는 것은 모든 사악함을 태워 아주 소멸시키고자 하는 뜻이 담겨 있고 그 위에 돌무덤을 만드는 것은 창귀를 꼼짝 못하게 가두어 놓는 금역을 뜻하기도 하며, 호식되어간 신성한 곳임을 의미하기도 한다. 돌무덤 위에 시루를 엎어 놓는 것은 하늘을 뜻하는 것이며 철옹성같이 창귀를 가두는 의미와 살아있는 것을 쪄서 죽이는 무서운 그릇의 의미가 있고 그 시루 위에 가락을 꽂아 두는 것은 무기와 벼락을 뜻하기도 하며 가락의 용도처럼 제자리에서 맴돌기만 하고 빠져 나오지 못하게 하는 방범의 뜻이 담긴 것이다. 창귀가 얼마나 무서웠으면 호랑이 물어간 집안과는 사돈을 맺지 않았다고 전한다.

창귀는 악랄한 귀신이어서 사돈의 팔촌까지 찾아다니며 해코지를 한다고 한다. 그렇게 고약한 귀신이기에 이중삼중의 방벽으로 그 귀신에 의한 우환을 막고자 한 선인들의 처절한 삶의 일면을 보여주는 것이 바로 이 호식장인 것이다. 무기가 없는 인간에게 호랑이는 신과 같은 존재인 것이다. 그러기에 호식을 숙명으로 받아들였고 팔자소관으로 생각하면서도 또 다시 이런 비극이 일어나지 않도록 막아 보고자 하는 소박하면서도 애절한 민간사고가 호식장례의 기속(奇

俗)이 생겨나게 했고 호식장이란 산간지역에서 특이한 형태의 무덤을 만들어 전승해 온 것이다. 불교에서는 금생에 호랑이에게 물리는 사람의 인과는 전생에 원한과 원망을 지니고 서로 해를 입힌 결과라고 말한다.

21. 호환의 대책론

여기서는 호환에 대하여 현지조사를 바탕으로 작성한 《호식장》 부분을 옮겨 소개한다. 인간은 호랑이보다 지혜롭지만 생리적으로 힘이 약하다. 인간이 맨손으로는 호랑이를 당할 수 없다. 전통사회에서는 호환을 숙명적으로 받아들이며 피해 상황을 감수해야 하였다. 그러나 인지가 발달함에 따라 사람들은 호환을 당하지 않기 위하여 여러 가지로 지혜를 써서 호랑이에게 당하는 피해를 최소한으로 줄이는데 노력하고 더 나아가 호랑이를 잡아 죽이는 지경에 이르렀다. 그러나 아무리 호랑이를 잡아죽여도 사람들의 마음 한 구석에는 호랑을 산신으로 보는 것에는 변함이 없다. 그래서 일면으로는 호랑을 숭배하며 일면으로는 호랑이에게 대항해 호랑이를 죽이기까지 하며 호환을 극복하려고 노력하였다.

1) 호환의 예방은 어떻게 하였는가
호랑이에게 환난을 당하지 않기 위해서는 예방에 각별히

주의하였다. 어두우면 밖에 나가지 않는다든가 혼자서 산길을 가지 않으며 어린아이를 집에 혼자 내버려두지 않는 것 등 온갖 주의를 하였고 그 대비책을 마련하였다. 호랑이는 언제나 기회만 있으면 가축과 사람을 노리고 있다.

산중 마을 사람들은 집 구조를 호랑이가 침범하지 못하게 꾸며 놓았다. 호책이라든가 빗장 등을 쳐서 호랑이가 집안으로 들어오지 못하게 한다. 하지만 그것만으로는 어딘가 부족하여 안심이 덜 된다. 산에 기도하여 마을과 집안에 무사안전을 기원하는 '산멕이'하는 것이 산중 마을에는 있고, 그 기도를 소홀히 하면 산신을 진노하게 하여 호환이 생긴다고 한다. 인위적으로 보호물을 설치하여 호환을 예방하기도 하고 산신에게 빌어 신의 힘으로 호환을 예방하기도 한다.

(1) 호책

호책은 밧줄망을 통해 호랑이를 막는 그물이다. 굵은 밧줄로 망을 엮어 서까래에서 마당으로 늘어뜨려 호랑이가 들어오지 못하게 한다. 어촌 부근에서는 고기 잡던 그물을 사용하기도 한다. 날이 밝으면 그물을 말아 올리고 해가 지면 그물을 내린다.

(2) 빗장

보통의 방문은 호랑이가 머리를 박거나 앞발로 치면 그냥 부서져 버린다. 문이 부서지면 호랑이가 방으로 들어와 사람을 물어간다. 그래서 보통의 방문 안쪽이나 바깥쪽에 별도의 장치를 해서 호랑이가 머리를 박거나 앞발로 쳐도 버틸 수 있는 빗장을 설치한다.

빗장은 두꺼운 나무판자를 문 안쪽이나 바깥쪽에 별도의 홈을 내어 거기에 끼우게 되는 이중문의 설치를 하는 것이다. 낮에는 그 빗장을 빼내어 방안이 밝게 하고 밤이면 빗장을 끼워 범이 못들어 오게 한다. 지금도 태백산령의 산중 마을에는 그 빗장의 흔적이 남아 있는 집들을 간혹 찾아볼 수 있다.

(3) 참나무 장작발

빗장은 끼웠다가 뺐다가 하는 번거로운 시설이기에 좀더 간편하게 하기 위해 참나무 장작발을 쳐 두는 경우도 있다. 직경 50-10cm쯤 되는 참나무를 베어와 방문보다 길게 끊어 발처럼 엮어 문밖에 쳐 놓으면 호랑이가 들어오지 못한다. 참나무 장작발은 방문보다 양옆으로 두 뼘 정도 더 길게 만들어 문 위쪽에 못을 박고 발을 매어 늘어뜨리고 아랫 부분을 문 아래 중앙에 고정시켰다가 날이 밝으면 문 위로 말아 올린다.

(4) 호랑이 산멕이

호랑이가 집으로 들어오지 못하게 빗장을 하여 준비하거나 호망, 참나무 장작발 등을 설치하여 호환을 막고자 하나 그것만으로는 뭔가 부족하고 안심이 덜 되어 신앙의식까지 확장되었다. 해마다 날을 잡아 '산멕이'라 하여 산에 제사를 올리며 호환의 예방을 기원하는 것이다. 삼척지역에서 산이란 호랑이를 가리키는 말이기 때문에 호환을 막기 위한 신앙으로 보인다. 기록에 의하면 과거 예맥에서는 호랑이를 제사지낸다고 되어 있다. 호랑이를 산신으로 모시고 근신하며 기도하고 제사함으로써 호랑이에게 환난을 당하지 않는다고 믿는 것이다. 흔히 산을 위한다고 하는 것은 신격화되지 않은 산 그 자체로 보지만 그 이면에는 범이라는 막강한 존재가 신의 자리를 차지하고 있는 것이다.

산멕이를 하는 것은 산신에게 미리 굴복하여 산신의 심기를 건드리지 않는다는 뜻이 있고 산신의 마음을 흐뭇하게 하여 호환의 화를 면해 보려는 것이다. 물론 산신에게 기도하여 그 사자나 집행자에 해당되는 호랑이가 해꼬지를 못하도록 해달라는 뜻도 되겠으나 실제로 산중 마을에서는 산신과 호랑이를 이원화해서 보지 않거나 산신이 호랑이 분신처럼 생각하고 있다. 호랑이가 인격화된 신이 산신 또는 산군이라고 믿었다.

2) 호랑이 사냥

무기가 없는 사람에게 호랑이는 숙명적 먹이사슬의 공포 대상물이다. 신이나 다름없는 절대자이다. 하지만 사람에게

총이 생기면서 사람의 힘은 동물을 임의로 제압할 수 있었다. 호랑이 잡는 포수가 등장하였다. 사람이 호환을 당하지 않기 위하여 예방과 '산멕이'를 하기도 하지만 인지가 발달함에 따라 아예 그 직접적인 원인인 호랑이를 잡아죽인다면 이보다 나은 호환의 극복은 없을 것이다. 이 땅의 모든 호랑을 잡아죽인다면 호식이니 호환이니 하는 일은 사라지는 것이다.

◇ 호랑이 사냥하는 그림

대개 사람을 공격하는 호랑이는 상처를 입은 것들이 많다. 사람들은 호랑이를 잡기 위해 기발한 방법을 다 동원하였으니, 《오주연문장전산고》의 <박호변증설>에는 호랑이를 잡는 아홉가지 방법이 나온다.

첫째는 활로 쏴서 잡는 것이며, 둘째는 창으로 찔러 잡고, 셋째는 쇠몽둥이로 두들겨 패서 잡고, 넷째는 함정을 파서 잡고, 다섯째는 아교를 뿌려 호랑이의 발에 붙게 하여 잡고, 여섯번째는 총(화포)으로 쏴서 잡고, 일곱째는 송애칼(손오, 송이)을 설치하여 잡고, 여덟째는 무쇠장 거머쥐고 다른 손의 칼로 급소를 찔러 잡으며, 아홉째는 산초나무를 태워 그 연기를 호랑이가 맡게 하면 호랑이의 털이 빠지고 피부가 썩어 죽는다고 하였다.

한말 이후 신무기화가 많이 들어와 위의 아홉가지 방법이외에도 간단히 호랑이를 총으로 쏴서 잡는 바람에 이땅에 호랑이는 거의 씨가 말라버렸고 호식이니·호환이니 하는 말도 사라지게 되었다. 여기에서는 김강산의 ≪호식장≫(1988)에 보이는 원시적인 방법으로 호랑이를 잡던 요령 몇가지를 소개해 본다.

(1) 호랑이 덫

덫은 쥐기 또는 철포라고도 한다. 반달처럼 생긴 쇠에 성그런 쇠 이빨이 솟아 있는 두쪽의 쇠를 벌려 놓아 호랑이가 밟으면 발목이 치이게 된다. 덫을 설치하고 그 위에 흙을 살짝 덮고 가랑잎과 풀잎 등을 뿌려 놓으면 호랑이가 모르고 밟는다.

(2) 송애칼(손오칼, 송이칼)

길이 50cm정도 되는 칼이다. 흡사 낫처럼 생겼는데 구부정하게 휘어 있는 칼이다. 다래넝쿨같은 것을 틀어서 송애칼을 메워 놓는다. 호랑이가 지나가다 팅김줄을 건들면 송애칼이 튀며 호랑이의 허리나 배를 쳐서 끊어 버린다. 호랑이가 다니는 길목에 설치하며 주위에 위험 표시를 한다.

(3) 갈퇴

굵은 통나무를 베어 바닥에 하나 깔고 하나는 비스듬이 세우고 구멍을 파서 걸쳐놓는다. 구멍을 깊게 파고 통나무는 무거워야 한다. 호랑이가 지나가다 걸개줄을 건들면 비스듬이 서있던 통나무가 내려오며 호랑이를 치어버린다.

(4) 양퇴

굵은 통나무를 베어 네 기둥 위에 올려놓고 걸개줄을 가로질러 놓는다. 길 양쪽에 말뚝을 박아 다른 데로 가지 못하게 한다. 호랑이가 지나가다 그 걸개줄을 건들면 굵은 통나무가 내리쳐서 죽게 된다. 멧돼지도 걸리고 여러 짐승도 걸려들어 죽는다.

(5) 벼락틀

굵은 통나무를 베어 뗏목처럼 만들어 45도 경사를 세운 뒤 버팀목으로 개대어 놓고 그 위에 돌이나 통나무를 많이 올려놓고 칡넝쿨 등으로 묶어 놓는다. 그 밑에 고기덩이나 뼈 등을 매어 달아 놓으면 호랑이가 그 먹이를 먹으려고 물고 당기면 버팀목이 빠지며 틀이 내려앉아 압사되고 만다고 한다.

(6) 회질구뎅이(함정, 허방다리)

호랑이가 다니는 길목에 5-6cm 깊이의 구덩이를 파고 바닥에 나무를 뾰족이 깎아 박아 놓는다. 나무를 뾰족이 깎아 바닥에 박는 대신 통나무를 ×자로 세워놓기도 한다. 구덩이 넓이는 4m정도이며, 그 위를 가는 나무로 얼기설기 가로질러 놓고 풀을 깐 다음 흙을 살짝 덮어놓는다. 지나가던 호랑이가 빠지면 나오지 못한다. 또는 함정을 좁게 판 다음 그 속에 돼지 새끼나 염소 등을 집어넣어 놓으면 범이 들어간 다음 나오지 못한다고 하였다.

(7) 고사

덫을 놓는다. 송애칼을 설치한다 해도 호랑이를 잡기는 힘들다. 그 날세고 용맹한 호랑이가 덫이나 함정에 빠지는 것도 신의 조화로 이루어지는 것이고 사람이 설치하는 각종 틀만으로는 안된다는 생각이 지배적이다. 벼락틀을 설치해 놓아도 영험한 호랑이가 다 알고 있기에 절대로 치이지 않는다는 것이다. 어쩌다 치이는 호랑이는 신으로부터 버림받은 것이라 한다.

50여년 전 태백시 동점동에 밤마다 호랑이가 나타나 작폐를 하는데 동네에 가축이 남아나는 것이 없었다. 결국 봉화지역의 석포, 대현 등지와 강원도 태백시 동점동 등 인근 40

여리의 마을이 모두 피해를 입었다. 동네의 개와 돼지는 물론 송아지까지 물고 가고 솔고개에서는 시집갈 나이의 다 큰 처녀를 물어다 잡아먹었다. 동네 어른들이 모여 마을 회의를 한 결과 산신의 탈이라 하여 연화봉 산제장에 고사를 하였으나 호랑이의 작폐는 계속되었다. 하는 수 없이 마을의 어른들이 모여 다시 회의를 한 끝에 이 일은 산신께 빌어 될 일이 아니니 천제를 올려 보는 것이 바람직하다고 하여 연화봉 산제당 위쪽에 있는 천제단에 올라가 천제를 올렸다. 정성껏 술을 빚고 소를 잡아 고사를 올린 후로는 범의 폐해가 없어졌다고 김강산은 말한다.

마을 사람들은 신통하게 생각하고 동제의 효험을 믿으며 한숨을 돌리게 되었다. 몇달 후 마을 사람이 마을에서 20여 리 정도 떨어진 해심이공에 나물 뜯으러 가니 벼락틀이 튀었는데 범이 치어 죽어 가죽만 남고 썩어버린 것을 발견했다. 그 벼락틀은 멧돼지를 잡으려고 설치한 틀로서 다 썩은 소 뼈다귀를 매달아 놓았는데 그 호랑이가 먹을 것이 없어 다 썩어 살도 한점 안 붙어 있는 소 뼈다귀를 먹으려 물고 당기다가 치어 죽은 것이다. 비슷한 시기에 점부남터의 돼지 틀에도 또 한 마리의 호랑이가 치어 죽어버렸다.

동네 사람은 대체로 그 호랑이들이 신의 죄를 받아 죽은 것이라 했다. 벼락틀에 치어 죽을 호랑이가 아닌데 치인 것은 신이 그 호랑이를 버린 것이라고 하였다. 호랑이도 사람과 가축에 이유없이 해를 주면 신이 버린다. 동점동의 경우

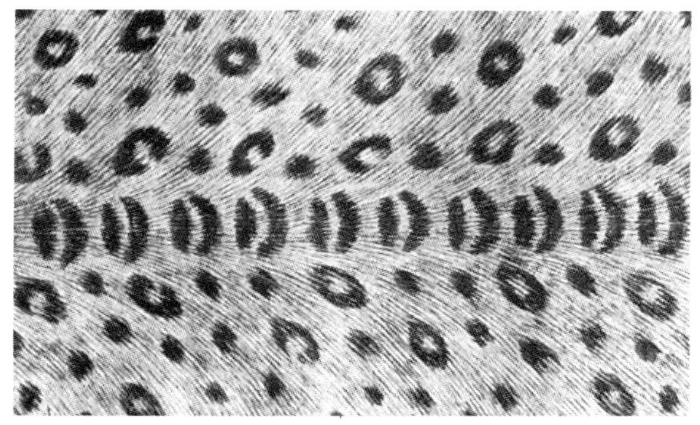

◇ 호피도(虎皮圖)

는 산신에게 빌어도 안 되니 그보다 더 높은 천신에게 빌어
산신을 징계한 것이라 본다. 태백시 동점동 연화봉의 천제단
은 산 위에 있고 산 아래에는 산제당이 있다. 여기에서도 호
랑이는 산신의 사자나 호위자가 아니라 산신 그 자체인 것
으로 볼 수 있다. 호랑이를 잡는 데도 순수하게 사람의 힘만
으로는 되지 않으며 신의 힘이 있어야 한다는 것이다. 호랑
이를 잡는 틀은 사람이 설치하지만 그 틀에 호랑이가 치이
도록 유도하는 것은 사람의 힘이 아니라 보이지 않는 호랑
이 신의 힘이 작용해야 한다고 믿는 민간의식이 있다. 이런
호랑이 사냥과 관련된 습속을 오래동안 조사한 김강산은 태
백지역의 산간문화를 지키는 현대판 호랑이 지킴이라고 불
러진다. (강원일보사, ≪태백≫ 창간호 참조)

제8장. 호랑이띠와 속신

1. 속신과 속신어

흔히 "여자 호랑이띠가 밤에 태어나면 좋지 않다. 호랑이가 밤에 활동하기 때문에 여자가 억세질 수 있다."라는 말을 많이 듣는다. 과연 여자 호랑이띠가 팔자가 드센가를 문제를 논의하기 전에, 왜 이러한 말투가 만들어져 이 땅의 민중을 제한하고 교육적 금기를 끊임없이 발휘하여 온 것일까를 이해해 볼 필요를 느낀다. 이 역시 민중의 생활사에서 경험을 통해 확인한 민속 형태임에는 틀림없다. 이러한 속신(俗信)은 민중이 오랜 기간 경험이나 인위적인 기대심리에 의해 굳어진 관념체계이다.

이처럼 속신어(俗語信)에는 향유집단의 적층적 사고가 반영되어 있고 신앙적인 규범의 심리가 작용하고 있다. 신앙적인 규범은 하찮게 보면 미신의 요소가 부분적으로 있고, 조금 적극적으로 보면 주술적 심리성이 있다. 이런 언어관념도 넓은 의미의 속신에 해당한다. 호랑이의 외향적 심상 때문에 더구나 밤이라는 제한 공간 때문에 이 띠를 가진 운명론 이전에 집단적 심리세계에 길들여지는 관행과 '규범'의 틀로 얽매여진 것이다. 달리 풀이하면 이것이 한국인의 의식에 잔재해 있다고 할 것이니, 그냥 보아 넘기거나 미신이라는 '헛것'이라고 미룰 것만은 아니다. 다만 비판적인 사고는 요구된다.

• 꿈에 호랑이가 나타나면 키 큰다.

• 꿈에 호랑이를 보면 강골이 된다.

• 꿈에 호랑이를 보면 장군이 탄생한다.

• 범띠가 있는 집안은 짐승이 안된다.

 • 범띠와 닭띠는 금실이 좋다.

 • 범이 사람 셋을 잡아먹으면 귀가 째진다.

 • 여자 호랑이띠가 밤에 태어나면 팔자가 세다.

 • 호랑이날이 정초에 일찍 들면 그 해 목화가 잘 된다.

 • 호랑이날인 그 해 정월 첫 상인일(上寅日)에 일을 하지 않고 논다.

 • 호랑이도 새끼가 열이면 스라소니를 낳는다.

 • 호랑이띠끼리 만나 부부가 되면 항상 싸운다.

 • 호랑이띠끼리 만난 부부는 금실이 좋지 않다.

◇ 십이지(十二支)의 호랑이 그림(寅圖)

• 호랑이띠 남자는 밤중에 낳는 것이 좋다.

• 호랑이띠 여자는 밤중에 낳는 것이 좋지 않다.

• 호랑이 생각을 하면 호랑이가 물어간다.

• 호랑이에게 물려 가도 정신만 바짝 차리면 산다.

• 호랑이에 쫓기면 혼처가 좋은 기회를 놓친다.

• 호랑이에 쫓길 때 왼발로 한 돌을 집어들면 산다.

　위에 든 속신어들에서 보듯 호랑이에 대한 민중의 속신적 사유는 대체로 호랑이의 외형적 강함과 그것에서 오는 공포감이 간접적으로 나타나는 정도이다. 이 언어현상에는 민중의 원초적 신앙성인 길흉화복의 예측심리와 대상에 대한 교육적 윤리성인 선악의 판별력이 동시에 작용하고 있다. 따라서 호랑이 속신어의 문형(文型)에는 여느 부분의 호랑이 민속현상이 그대로 압축되어 있는 것이고 실제 생활에 변장된 호랑이 합리적인 사고가 반영되어 있다는 점이다.

2. 호랑이띠 해와 속신

범띠 해는 여느 때보다 요란스런 해이다. 흔히 큰 소리와 함께 시작하여 흐느낌 소리로 끝이 나는 경우가 많다. 전쟁과 분쟁, 그리고 여러가지 재해가 딱 버티고 있는 해이다. 그러나 범띠 해는 또한 통이 큰 굵직굵직한 해이다. 소규모로 행해지는 일들은 제대로 이루어지지 않는다. 좋은 일이든 나쁜 일이든 간에 모든 일들이 극단적으로 일어난다. 어떤 사람은 큰 재산을 날리고 또 어떤 사람은 큰 재산을 얻는다. 자기한테 운이 있다고 생각하는 사람이라면 큰 내기에 한번 덤벼보는 경우도 있을 수 있다. 승부의 방향이 당사자를 외면할지도 모른다는 사실을 깊이 명심해야 한다.

사람들이 갑자기 너도나도 격렬하고 극적인 일들에 덤벼든다. 워터게이트 사건에서 닉슨의 사임에 이르기까지의 일이 격동의 범띠 해에 절정에 이르렀다는 것은 전혀 놀랄만한 일이 아니다. 여러 기질들이 여기저기에서 일제히 불을 뿜는다. 범띠 해는 외교의 시련기가 될 것이다. 벽두부터 우리는 마치 호랑이처럼 깊은 생각없이 이러저러한 일에 마구 덤벼들었다가 마침내 우리의 무모함을 개탄하게 된다.

이 해에 이루어지는 친구관계와 합작관계 그리고 상호신뢰와 협력이 요구되는 거래관계 등은 더없이 쉽게 부서진다. 그러나 강력하고 정력적인 호랑이해를 잘 이용하면 숨을 멈추고 있는 대의, 가라앉아 가는 기업, 시들시들 쇠퇴의 길을 걷고 있는 산업에 새로운 활력을 다시 불어넣을 수 있다. 범띠 해는 또한 대대적인 변화, 새롭고 대담한 이념들의 도입 등이 이루어지는 해이다.

범띠 해의 불같은 열기는 의심할 바 없이 모든 사람들의 생활에 영향을 끼친다. 그러나 그 부정적 측면들에도 불구하고 범띠 해가 정화효과를 가질 수 있다는 사실을 우리는 깊이 인식해야 한다. 원광석에서 진귀한 금속을 정련해 내려면 강렬한 열이 필요한 것과 마찬가지로 이해는 우리 내부로부터 최선의 자질들을 추출해낼 것이다. 이 예측불허의 해에 대해 한마디 간단히 충고하자면 "당신의 유모의 감각과 재치있는 순발력을 잃지 않으면서 사태를 지글거리도록 내버려두라."는 것이다.

3. 호랑이띠생의 속신적 성격

동양문화권에서 호랑이는 힘과 정열과 용기를 상징한다. 우리 전통문화에서 호랑이 심상은 반항적이고 화려하고 예측불허의 성격을 가진 범은 모든 동물에게 경외심과 존경심을 강요하는 것이다. 그래서 이 겁이 없고 불같은 성미를 가진 투사는 가정의 삼대재앙 즉 불과 도적과 귀신을 막아주는 상징으로서 존경을 받는다. 여기서 ≪역학≫, ≪옛조상의 살풀이≫, ≪역법의 원리분석≫ 등 참조하여 호랑이띠와 관련된 속신전승을 제시하곡자 한다.

호랑이띠생은 당신의 모든 활동에 있어서 그의 활달한 성격과 잘 지낼 태세만 되어 있다면 함께 움직일만한 행운의 사람이다. 범띠생의 충동성과 원기왕성함은 전염성을 갖고 있다. 인생에 대한 그의 정력과 사랑은 다른 사람들까지도 자극한다. 그는 사람들한테서 무관심을 제외한 모든 종류의 감정을 유발시킬 것이다. 요컨대 매혹적인 범은 자신이 관실의 초점이 되는 것을 좋아한다.

쉴새없이 마구 설쳐대기를 좋아하는 호랑이띠생은 보통 참을성 없이 행동하기가 일쑤이다. 그러나 의심이 많은 성격 때문에 그는 머뭇거리거나 조급한 결정을 내리기 쉽다. 그는 남들을 믿거나 자기 감정을 가라앉히는 일을 어렵다고 생각한다. 그는 당황하게 되면 서슴없이 자기 생각을 털어놓는다. 그러나 그는 성미가 급한만큼 진지하고 다정다감하고 관대하기도 하다. 더욱이 놀랍게 웃음을 촉발시키는 감각의 소유자이기도 하다. 범띠생은 모두가 인도주의적 기질을 갖고 있다. 그는 어린아이들과 동물들과 재주하기를 즐기고 또 잠시라도 자기의 상상력이나 관심을 끄는 것이면 그 무엇이든지 다 사랑한다. 그리고 그는 일단 개입을 했다하면 몸 전체로 뛰어드는 버릇이 있다. 그렇게 되면 나머지 일들은 모두 숨쉬는 일조차도 그 목전의 일을 위해 부차적인 의미밖에 갖지 못하게 된다. 그는 자기가 행하는 일에 내키지 않는 상태에서 덤벼드는 경우가 절대로 없다. 그래서 우리는 일단 그가 그렇게 하기로 마음만 먹었다면 100% 이상을 투여하리라는 것을 믿어도 된다.

보다 감각적인 호랑이띠생들은 보통 청년시절에 떠돌이의 역마살 생활을 시도한다. 일부는 그런 생활에서 빠져나오지 못하고 평생을 그렇게 산다. 길모퉁이에서 자기가 만든 상품들을 진열해 놓고 있는 화가들, 거리의 악대, 하루살이 대중가수들, 몇푼 안되는 돈을 받으면서도 야심을 갖고 움직이는 단역배우들, 이들은 모두 꽃띠 아이들이라기보다는 범띠아이들이다. 이것은 낙관주의적인 범띠생들이 그저 물질주의로 움직인다거나 안전에 매달려 있지 않기 때문일지도 모른다.

그는 일생을 살아가면서 자신의 충동을 실행해보일 시기를 가져보아야 한다. 그리하여 스스로 준비해 놓은 모든 환상적 역할들을 직접 맡아보지 않으면 안된다. 스스로 동의할 수 없는 것에 대해 코웃음칠 수 있는 기회, 사회에 대해 욕을 퍼부으면서 속박이 되는 인습들을 비웃는 시기를 가져보아야 한다. 범띠생은 스스로를 표출시키고 자신의 정체를 발견하고 자기의 개성을 주조하지 않으면 안된다. 그리고 기존의 양식들에 대한 노골적인 반항이나 무시가 그에게 그러한

◇ 호랑이를 조각한 민예품

기회를 제공한다면 그것이 바로 그가 선택할 길이다. 그에게
이러한 결함이 있다고 해서 그에게 그러한 낙인이 찍혀 있
다고 해서 우리가 그를 조금이라도 덜 사랑할 수 있겠는가?
물론 아니다. 우리들 가운데 열에 아홉사람은 자신이 속으로
그를 편들고 있다는 사실을 발견할 것이다. 우리는 그의 대
담한 행동에 고개를 절레절레 흔들고 그의 미치광이 같은
모험적 행동에 놀라 자빠질지도 모른다. 그러나 동시에 우리
는 그를 위해 조용히 기도를 올리는 것도 결코 잊지 않을 것
이다. 그리고 그가 성공할 경우에는 뜨거운 인간승리를 맛보
았다고 생각할 것이다.

　기가 꺾인 호랑이띠생에게는 말만이 아닌 진정한 동정이
적어도 한 보따리는 필요하다. 누가 옳고 누가 그른지를 가
지고 왈가왈부하지 말아야 한다. 그에게는 논리가 그리 파고

들지 못하기 때문이다. 그것은 전혀 무용한 노력일뿐이다. 그를 위로하는데 인색하게 굴지말아야 한다. 상황이 뒤바뀐다면 그는 당신에게 두배로 보답할 것이다. 그는 당신의 지혜로운 말에 기꺼이 귀를 기울이며 모든 충고 한마디 한마디를 조용히 듣는다. 그러나 그렇다고 해서 그가 당신의 충고대로 움직일 것이라는 의미는 아니다. 아시다싶이 그에게는 남다른 데가 있다. 따라서 그 친구에게 이래라저래라한다면 그것은 결코 도움이 되지 못한다.

반드시 그의 손을 꽉 잡아야 한다. 자신의 차분한 음성을 되찾으면서 자신의 모든 감정을 당신한테 털어놓으며 흩어진 자신의 자아를 모두 수습할 때까지 가만히 기다리는 편이 좋다. 그러면 그는 당신에게 키스를 하면서 당신을 꽉 껴안을 것이다. 그리고 한 번 쓰러지면 못 일어나는 사람을 다시 일으켜 세워 주었다는 느낌을 마음속 깊이 간직하면서 당신을 떠나보낸다는 경우다.

이렇게 당신을 보내고 난 후에 아마 밖으로 나가 자기가 첫째로 하기로 계획한 것을 그대로 실행하라. 범띠생이 아무리 풀이 죽어있더라도 그가 아무리 깊은 절망상태에 빠져있다 하더라도 그가 죽겠다는 소리를 내리라고 생각한다면 그것은 절대 오산이다. 왜냐 하면 그의 불굴의 정신 그 어딘가에는 늘 작은 불씨가 남겨져있어 그는 또다시 마음에 불을 붙이면서 새로운 인생과 사랑을 재개할 것이기 때문이다. 비상시에 믿고 의지하기에는 너무 격렬한 성격이지만 그래도

군중을 움직이는 호랑이띠생의 능력은 유명하다. 상태가 나쁘면 고집불통이 되어 비합리적인 이기심을 드러낸다.

호랑이띠생 아내는 가장 매력적이고 희색이 만면한 여주인으로 알려져 있다. 그녀는 가정생활과 사회생활을 침착하게 결합시킨다. 설레이는 가슴으로 조심스럽고 아주 천진난만하게 손님을 대하는 그녀의 모습을 보면 아주 귀여운 새끼 고양이같은 느낌이 들것이다. 그녀가 그렇게 움직이는 이유는 오로지 그런 속에서 손님들을 관찰하기 위해서이다. 따라서 그녀를 놀려대서는 절대로 안된다. 그녀는 여전히 날카로운 발톱을 감추고 있다가 필요하다고 생각되면 즉시 그것을 내밀기 때문이다. 유행을 의식하고 자기 생각을 분명히 표현하는 해방된 호랑이띠생 여성은 스스럼없이 행동하기를 좋아하며 새로운 화장, 새로운 의상을 위해 여러 시간을 소비할 수도 있다. 그녀는 자기가 입을 만한 것이 없다며 끊임없이 슬퍼할 여성이다. 무도회같은 것을 열어보라. 그러면 그녀는 매번 사람들을 깜짝 놀라게 옷을 갈아입곤 한다. 그녀는 아이들에게 아주 재미있는 이야기들을 해주고 손짓 발짓을 다해가며 이상한 흉내를 내고는 환한 웃음을 터뜨린다. 그리고 그 무엇보다도 모든 규칙을 아이들이 좋아하는 방향으로 정함으로써 그들이 자기를 영원히 따르도록 만든다. 그녀만 옆에 있으면 아이들은 식사전에 사탕도 먹을 수 있고 아이스크림을 두 번이나 얻어먹을 수 있다. 그리고 좋아하는 프로를 밤늦게까지 시청할 수도 있다.

이상하게 들릴지 모르지만 그녀의 아이들이 다른 아이들보다 더 버릇없는 것은 결코 아니다. 그녀의 아이들은 공부도 잘하는데 이것은 아마 그녀가 아이들에게 사랑을 보여준 다음에는 틀림없이 법을 강화하기 때문이다. 그녀는 아이들에게 태도를 조심하도록 만들고 그렇게 잘하면 아주 후한 상을 준다. 들놀이도 자주 다니고 동물원이나 공원에도 데려가고 뱃놀이나 낚시놀이도 떠날 것이다. 사정이 이렇다면 어떤 아이가 그녀의 말을 거역할 수 있겠는가? 용띠생이나 닭띠생이나 마찬가지로 범띠생은 자아가 굉장히 강하다. 돈과 권력과 명성도 그의 자아를 상하게 한다면 아무런 의미도 가지지 못한다. 좌절된 호랑이띠생은 당신이 일찍 만나본 사람들 가운데 가장 야비하고 가장 시시한 무뢰할지도 모른다. 그는 분을 풀기 위해서라면 자기 집도 부시는 등 무슨 짓이든 다할 것이다. 조금만 무시를 당해도 분개하는가 하면 커다란 문제를 별 소동없이 그냥 지나쳐 버리기도 할 것이다. 아무튼 잘 기억해둘 것은 무시당하는 것을 몹시 싫어한다는 것이다.

역설적으로 들릴지 모르지만 인생을 살아가면서 그가 내보이는 가장 커다란 두 가지 단점은 그의 무모함과 우유부단함이다. 따라서 그가 중도적인 자세를 몸에 익힐 수 있다면 그는 주목받는 성공을 거둘 것이다. 심정적으로 범띠생은 낭만적인 사람이다. 그는 장난치기를 좋아하는 동시에 열정적이고 감상적이다. 따라서 호랑이띠생과 사랑을 나눈다든가

을 못살게 굴 것이다. 결국 호랑이띠생은 그 악명높은 분노를 터뜨리면서 스스로를 바보로 만든다. 원숭이띠생의 그 무적의 간교함을 호랑이띠생이 이겨내지 못하기 때문이다. 따라서 원숭이띠생과 구체적으로 거래를 할 때는 각별히 조심해야 한다.

4. 호랑이띠의 아동과 성격

호랑이띠생 아동은 재롱 덩어리임과 동시에 이른바 깽판형 말썽꾸러기이다. 불꽃을 튀기며 이리저리 천방지축으로 날뛰는 이 아이는 좌우충돌속에서 성장해 나간다. 비교적 아주 조용한 아이조차도 싸움이 어디서 벌어지고 있는가를 정확히 알아채서 그리로 쏠려갈 것이다. 그는 쾌활하고 명랑하고 자신만만한 수다장이이며 말려도 소용없는 행동파이다. 그는 끝없는 호기심과 탐구욕으로 말미암아 움직이는 물체라면 그 무엇에나 덤벼들면서 있을 수 있는 모든 곤경에 빠지게 된다. 굉장히 활동적이고 흥분을 잘하는 그는 펄쩍펄쩍 뛰어 다니면서 거칠게 놀기를 좋아한다.

용띠생 아이와 마찬가지로 그 역시 복종을 싫어하는 개구장이이다. 그러나 사람들은 그의 다정다감하고 사교적인 성격 때문에 자기도 모르게 그에게 이끌릴 것이다. 호랑이띠생 아동은 자기 느낌을 노골적으로 표현한다. 부모들은 이러저

◇ 작호도(鵲虎圖): 까치는 기쁨 호랑이는 기쁨

러한 그의 강력한 견해를 참고 들어주어야 한다. 그러면 그는 망설임없이 자기 견해를 떠벌릴 것이다. 그는 누군가가 자기에게 비밀을 숨기는 것을 좋아하지 않으며 또 그 스스로가 비밀같은 것을 숨기는데 매우 서투르다.

그는 자기 감정을 감추는 법이 없기 때문에 부모들은 그가 무슨 일로 괴로움을 당하고 있는지를 즉각 알아차릴 수 있다. 이 경우에는 그의 답답한 심사를 풀 수 있는 출구를 마련해 주어야 한다.

호랑이띠생 아이의 독단적 태도를 꺾어놓지 못한다면 그는 부모를 완전히 지배하려 들면서 개망나니로 자랄 수도 있다. 따라서 부모는 자식에게 일찍부터 성미를 죽일줄 알도록 가르쳐야 한다. 타협의 가치를 이성적으로 이해하도록 만들지 않으면 안된다. 그러나 이 악동은 부모의 말을 그냥 당연한 것으로 받아들이지 않을 것이다. 자기에게 설정된 조항들을 계속 시험해 보지 않는다면 호랑이띠생 아이가 아니기 때문이다. 그를 고분고분한 아이로 만든다는 것은 보통일이 아니다. 그러나 누가 대장인지를 그에게 되도록 일찍 알릴수록 그 자신과 주위의 모든 사람들을 위하는 길이 된다.

이렇게 하여 그가 일단 올바른 훈육을 받아들이고 사랑과 이해의 따뜻한 마음을 갖추게 되면 이 호랑이띠생 아이보다도 사랑스러운 아이는 그 어디에도 없다. 그가 있으면 생활 자체가 늘 조용하지 못하지만 그가 없는 생활은 너무나 공허해서 모두를 견디기 힘들게 된다. 호랑이띠생 자식이 있다는 것은 그 자체가 보람이기 때문이다.

①

②

③

◇ 서울시 캐릭터
　호랑이 공모작(1996)

5. 오행(五行)에 따른 다섯가지 호랑이띠

여기서는 ≪옛 조상의 삶풀이≫(1992)를 중심으로 정리하되 기왕의 ≪토정비결≫, ≪정감록≫ 등을 참조하여 운명론 중심으로 간략하게 제시하고자 한다.

●금(金)의 호랑이띠

경인년 (庚寅 : 1890, 1950, 2010년)생.

이 유형의 호랑이띠생은 대체로 과묵한 형이 아니다. 이 유형의 호랑이띠는 적극적이고 공격적이고 열정적이다. 그는 예술적일 수도 있고 예술적이 아닐 수도 있지만 분명한 것은 그가 틀림없이 눈에 띄게 매력적인 이미지와 개성을 드러낼 것이라는 사실이다. 자기 중심적이고 허세가 강한 그이지만 일단 올바른 길로 유도되기만 하면 지칠줄 모르는 유능한 일군이 될 수 있다.

그는 직접적인 방법으로 또 때로는 급진적인 방법으로 자기 문제들에 접근해 간다. 그리고 자신이 달성하고자 하는 일에 대해 추호의 의심도 없이 덤벼든다. 문제는 그가 너무나 많은 것을 너무 빨리 원하고 있다는 점이다. 그는 결과에 대해 지나치게 낙관적인 태도를 취한다.

이 금속의 속상을 타고난 호랑이띠생은 그 행동이 돌발적이며 비정통적이고 격렬하다. 그는 옆으로 단 몇 발자국만 비켜서면 되는 그러한 상황속에서도 오로지 자신과 자기 욕구에만 집착하는 사람이다. 이 유별난 호랑이띠생은 좋든 나쁘든 주위의 영향에 쉽게 자극을 받으며 독립적으로 움직이기를 좋아한다. 그 이유는 자기의 자유가 제약되는 것을 몹시 싫어하기 때문이다.

●수(水)의 호랑이띠

임인년(壬寅 : 1902, 1962, 2022년)생.

이 유형의 호랑이띠는 새로운 경험에 늘 마음을 열어 놓는 개방적 성격의 소유자이다. 그는 또한 사물을 객관적으로 볼 줄 아는 능력을 갖고 있는데 이것은 물이라는 요소가 그에게 보다 조용한 성격을 부여했기 때문이다. 그는 인정이 많고 진실을 뛰어나게 잘 판단한다. 그래서 남들의 감정을 잘 헤아릴 줄을 안다. 그는 직관적이며 남들과 대화할 수 있는 능력이 잘 발달되어 있다.

이 비교적 현실적인 유형의 호랑이띠생은 남들의 맥을 아주 잘 짚기 때문에 자신이 상대하는 일의 성격을 아주 잘 파악하고 있다. 그는 평가에 있어서 거의 실수를 안한다. 그의 정신능력은 평균이상이지만 다른 유형의 호랑이띠생들과 마찬가지로 종종 귀중한 시간을 꾸물거리며 낭비하는 버릇이 있다. 그러나 다른 유형의 호랑이띠생들보다 성미가 덜한 것으로 평가된다. 감정의 분출을 자제하면서 자기 노력을 집중시킬 줄 알기 때문이다.

●목(木)의 호랑이띠

갑인년(甲寅 : 1914, 1974, 2034년)생.

이 유형은 실제적이고 치우치지 않는 눈으로 상황을 평가하는 관대한 유형의 호랑이띠생이다. 그는 민주적인 견해의 소유자로서 보다 신속하게 발전하기 위해서는 다른 사람들의 협력이 매우 중요하다는 사실을 잘 이해하고 있는 사람이다. 그에게는 친구들과 지지자들이 많이 있는데 이것은 그가 어디를 가더라도 사람들과 잘 사귈 수 있기 때문이다.

나무라는 요소가 그에게 보다 더 침착하고 상냥한 기질을 부여했기 때문에 그의 쾌활하고 혁신적인 개성이 집단적 노력에 크게 기여할 수 있다. 그는 품위있는 집단에서 환영을 받으며 이러저러한 사람들을 단합시키는 요령을 터득하고 있다. 그러나 그의 충심은 그 거래가 자기자신을 향한 것이다. 그에게 필요하지 않은 사람은 아무도 없다. 그리고 누군가가 그 집단을 떠난다면 그는 그에게 행운을 빌어 줄 것이다. 그러나 그를 대신할 사람을 찾는데 조금도 지체하지 않는다.

목(木)의 호랑이띠생은 또한 통찰력에서 다른 호랑이띠생들보다 뒤떨어진다. 그는 사물의 거죽만 훑어보고서 대체로 비슷하면 만족한다. 그래서 그는 실제로 통솔력이 부족한 것으로 나타난다. 잔일을 이리저리 나누어 시키면서 사람들이 자기를 위해 일하도록 만드는데는 도사이지만 정작 그 자신은 아주 최소한의 책임만을 떠맡으려 한다. 자기 훈련에서는 뚜렷한 능력을 타고나지 못했기 때문에 그는 자신이 처리할 수 있는 것 이상의 일에 덤벼들면 안된다. 그러나 그가 자신의 한계를 인정하기란 무척이나 어렵다. 호랑이띠생들은 그가 어떠한 유형에 속하든 간에 아무리 건설적이고 친절한 비판이라 할지라도 그 비판을 기꺼이 받아들이려 하지 않는다.

●화(火)의 호랑이띠
병인년(丙寅 : 1866, 1926, 1986년)생.

이 유형의 호랑이띠는 자신의 열성과 무한한 에네르기를 그대로 속에 담고 있기가 아주 어려울 것이다. 그는 늘 행동을 하면서 이곳에서 저곳으로 움직일 태세가 되어 있다. 순간적인 기질이 강한 그는 지금 당장의 일에 정신을 온통 빼앗긴다. 그는 독립성이 강하고 비보수적인 기질이다. 따라서 그의 움직임은 예측하기가 어렵다. 우리가 그에 대해 한가지 분명히 말할 수 있는 사실은 그의 행동이 극적인 영향력을 끼칠 것이라는 점이다. 불이라는 요소가 그를 본래의 그보다도 훨씬 더 표현력이 강한 사람으로 만들었기 때문이다. 이 호랑이띠는 자기가 좋아하는 누구에게나 강한 인상을 주며 자기가 하기로 한 무슨 일에나 자기의 활력을 부을 것이다.

그는 끊임없이 자신의 강렬한 에네르기와 영감력을 강력한 행동으로 전환시키기 위해 노력한다. 때때로 그는 심한 과장을 부린다. 그리고 굉장히 관대한 그는 다른 유형의 호랑이띠들보다 훨씬 더 큰 지도자적 자질들을 발휘할 것이다. 그는 자기가 하는 일은 모두 가치가 있고 긴급한 것이다. 그는 낙관적인 정신의 소유자이기 때문에 최후의 날을 예언하는 사람들은 그에게 전혀 필요하지 않다.

개방적인 마음으로 남들에게 당당하게 명령을 내리는 화(火)의 호랑이띠생은 감각적으로 움직이는 사람이다. 따라서 남자든 여자든간에 살아가면서 자신이 마주치는 그 무슨 일에나 그냥 지나치는 법이 없다.

●토(土)의 호랑이띠

무인년(戊寅 : 1878, 1938, 1998년)생.

이 유형의 호랑이띠는 보다 조용하고 보다 책임성 있는 성격의 소유자라고 볼 수 있다. 그는 자신이 하는 일에 대해 타당성 여부를 검토할 것이다. 성급하게 이 결론으로 건너뛰지 않으며 평등과 정의를 지지한다. 다른 사람들에 대해 관심을 가지며 스스로 진실을 밝히기를 좋아하는 그는 성숙하고 양식있는 견해의 소유자이다.

이 유형의 호랑이띠생은 다른 유형의 호랑이띠생들보다 더 침착한 모습이 보이게 되는데 이것은 흙이라는 요소가 그에게 주의력의 폭을 더 깊게 만들어 주었기 때문이다. 이 덕분으로 그는 중요한 일들을 쉬지 않고 부지런하게 또 객관적으로 처리할 수 있다. 다른 유형의 호랑이띠생들 만큼은 화려하고 단호하지 못할지도 모르지만 대체적으로 명석한 두뇌로 합리적으로 행동한다. 그는 문제를 파악할 때 그것을 있는 그대로 보기에 감정 때문에 시야가 가려지는 일은 좀체로 없다.

그는 개인적 매력 또는 성적 매력보다는 오히려 일에 있어서의 유용성을 더 중시하면서 인간관계를 맺고자 하는 호랑이띠이다. 그는 지성적인 사람으로서 무모하기보다는 조심성이 많은 편이다. 그는 자신의 지식과 능력을 자신이 잘 아는 분야, 가장 큰 수확을 거둘 수 있는 분야에 투여한다.

때때로 그는 너무나 자기 일에만 정신이 팔려서 자기 목적과 무관한 것에는 신경을 쓸 수 없을 때 지나치게 거만하고 냉담한 자세로 분별없이 행동하기도 한다. 그는 무엇보다도 먼저 일에 극력 매진한다. 그 결과 자신의 능력과 재주가 세상사람들한테 인정을 받으면 그제야 다른 유형의 모든 호랑이띠생들과 마찬가지로 좀 유별난 존재로 남들의 눈에 보도록 하기 위해 틀에 박히지 않은 새로운 방식으로 행동함으로써 남들의 이목을 집중시킬지도 모른다. 그렇지만 그는 늘 자기가 하는 일에 대해서는 진지한 자세를 계속 견지하는데 이것은 흙이라는 요소가 그로 하여금 지속적인 노력을 통한 지위와 인정을 중시하도록 만들었기 때문이다.

6. 출생시간에 따른 호랑이띠의 운세

1) 자시생(子時生 : 오후 11시 ~ 오전 1시)

애정이 깊고 성질이 급한 형의 사람이다. 이 유형에 속하는 사람은 그저 당신과 사귈 목적만으로 당신에게 싸

움을 걸지 모른다. 내부의 쥐가 재정권만을 쥐게 된다면
나쁘지 않다.

2) 축시생(丑時生 : 오전 1~ 3시)

 강인한 의지에 급한 성격이 결합한 형이다. 소의 속성
이 그에게 자제력을 심어 준다면 바람직하다. 그러면 그
는 그렇게 성급하게 격노하지 않으며 보다 더 조용한
성격의 소유자가 될 수도 있다.

3) 인시생(寅時生 : 오전 3~5시)

철두철미한 반항형이다. 굉장히 활달하고 기분이 자주
바뀐다. 당신이 자극적인 사람을 원한다면 이 경우가 바
로 그 사람이다.

4) 모시생(卯時生 : 오전 5~7시)

 침착하지만 그의 불길이 다 꺼진 것은 분명 아니다. 내
부의 토끼가 그의 격렬함과 성마름을 제어해 줄지도 모
른다. 그 결과 그는 보다 나은 판단을 내리면서 근심에
서 벗어날 수 있다.

5) 진시생(辰時生 : 오전 7~9시)

 내부의 용이 그의 자아를 더욱 강화시키기 때문에 그
는 목표를 더욱 크게 세우고 더욱 열심히 노력할 것이
다. 의심하는 버릇만 버린다면 뛰어난 지도자가 될 수
있다.

6) 사시생(巳時生 : 오전 9~11시)

아마 내부의 뱀이 이 호랑이띠생에게 그 커다란 입을 꾹 다물도록 가르쳐 줄 것이다. 이 뱀의 사고방식을 받아들여 침착한 자세로 협상한다면 커다란 덕을 본다.

7) 오시생(午時生 : 오전 11~오후 1시)

내부의 말이 이 호랑이띠생을 보다 더 실제적인 사람으로 만들면서 심사숙고 끝에 모험에 뛰어드는 습성을 길러준다. 그러나 범이나 말이나 모두 자유분방하기 때문에 이 사람은 진정한 책임감이 결여되어 있을 수 있다.

8) 미시생(未時生 : 오후 1~3시)

침착하게 관찰을 할 줄 알지만 질투심과 소유욕에 눈이 어둡다. 내부의 양이 범의 공격성을 완화시키고 그의 예술적 측면을 발전시킨다면 아주 좋을 것이다.

9) 신시생(申時生 : 오후 3~5시)

문무겸비형으로 두 요소가 잘만 조합된다면 크게 성공할 사람이다.

10) 유시생(酉時生 : 오후 5~7시)

매력적인 개성의 소유자이다. 자신이 말썽을 일으켰다가 자신이 그것을 수습하는 형. 모든 것을 자신이 다 책임지고 처리하기를 좋아하는 유형.

11) 술시생(戌時生 : 오후 7~9시)

내부의 개가 본래적으로 갖고 있는 양식 덕분에 비교

적 합리적이고 협동적으로 움직이는 호랑이띠생. 그의 악동적 기질이 개의 엄격한 공명정대함에 의해 약화될 것이다. 그러나 그의 어투는 면도날보다도 더 날카롭다.

12) 해시생(亥時生 : 오후 9~11시)

충동적으로 천진난만하게 움직이는 사람이다. 자기가 원하는 것만 얻으면 행복과 만족을 느끼는 유형이다. 그러나 억압을 당하면 앙심을 품고 덤벼들며 가족들과 친구들을 기쁘게 하기 위해서는 늘 모든 힘을 다한다.

7. 호랑이띠와 다른 띠와의 관계

매년 정초가 돌아오면 누구나 올해는 무슨 띠의 해이며 그 해의 수호동물로서 십이지(十二支)의 띠동물에 대한 의미를 궁금해한다. 호랑이띠가 돌아오면 새해를 운수를 점치려 하듯이 사람과 사람이 만났을 때 자기 띠가 호랑이일 경우에 상대방의 띠에 대하여 궁금해한다. 서로 띠궁합을 맞춰보아 생애까지 묶어서 해석하려는 풍속이 전승된다.

호랑이띠 + 쥐띠

공통의 관심사가 거의 없다. 서로의 교제를 전혀 고려하지 않을 것이다. 행정을 유지하면 서로 조심하는 관계는 될 수 있다.

호랑이띠 + 말띠

결혼상대나 사업상대로 끝내주는 관계, 상호 신뢰와 상호 이해 속에서 어려움이 없을 것이다. 매우 성공적인 결합이다.

호랑이띠 + 소띠

심각한 충돌과 경쟁이 생기는 관계. 서로 다툼과 오해가 일어날 것이다. 문제가 발생하면 평화적 해결이 불가능한 상대. 되도록 관계를 피하는 것이 좋다.

호랑이띠 + 양띠

노골적인 대결관계나 경쟁관계는 없을 테지만 일정한 정도만 함께 일할 수 있는 관계. 깊은 유대감을 못 느낄 것이기 때문에 영구적인 관계가 어렵다.

호랑이띠 + 호랑이띠

그저 그런 관계까지만 가능하다. 사소한 적대감 때문에 서로에 대해 유보적 자세를 취하는 관계. 공동의 목표를 위해서만 함께 일할 수 있을 것이다.

호랑이띠 + 원숭이띠

경쟁관계가 발생하고 성격충돌이 일어날 것이다. 공통의 관심사가 없다. 서로 마주하기도 싫어하기 때문에 성격차이를 해소시킬 수 없다.

호랑이띠 + 토끼띠

서로의 교제를 그런대로 유지할 만한 상대. 큰 충돌은 없겠지만 그렇다고 썩 우호적인 관계도 안될 것이다.

◇ 충북 단양군 영춘면 화장암 산신도
전국에서 호랑이 그림 중 가장 원형성을 지
니고 있다.(필자 답사 1995)

호랑이띠 + 닭띠

어느 정도는 서로 유보자세를 취하며 의사소통에도 갭이 있다. 서로 성질을 돋구기 때문에 결국 무관심이 상책. 잘해야 냉정한 관계.

호랑이띠 + 용띠

상호 존중과 상호 협력의 관계. 주도권 문제로 다소의 충돌은 예상되나 성격차는 극복될 것이다. 대체로 성공적인 관계이다.

호랑이띠 + 개띠

이상적인 결합. 서로간의 의사소통에 아무런 어려움이 없다. 함께 커다란 성공과 번영을 이룰 수 있는 관계이다.

호랑이띠 + 뱀띠

서로 의심이 많을 관계. 서로 무관심하고 비우호적인 관계. 관계를 피하는 것이 좋다. 다툼과 적대행위가 그치지 않을 것이다.

호랑이띠 + 돼지띠

안전하고 성공적인 상대. 함께 하면 사랑과 행복이 있을 것이다. 애정과 사업에 있어서 매우 협력적인 관계이다.

8. 해에 따른 호랑이띠의 운세

1) 쥐띠 해

호랑이띠생에게는 그다지 행운의 해가 아니다. 사업이 힘들고 심한 자금부족을 느낄 것이다. 신중과 끈기의 자세를 견지한다면 그 보답이 있을 것이다. 충동적 행동을 피하고 보수적인 자세를 취하지 않으면 안된다.

2) 소띠 해

길흉이 뒤섞인 해이다. 다툼과 오해가 완고함 때문에 생긴다. 이해에 호랑이띠생은 권력이 있는 누군가가 그의 길을 방해하기 때문에 좌절감을 맛볼지도 모른다. 따라서 이 시기에는 자신의 반항심을 자제하기를 권한다. 오래도록 성미만 자제한다면 이해가 끝나기 전에 그 고통들은 스스로 사라져 버릴 것이다.

3) 호랑이띠 해

비교적 괜찮은 해이다. 도움이 절실히 필요할 때 다른 사람들이 그를 도와줄 것이다. 이런 의미에서 이해의 운세는 좋다고 할 수 있다. 그러나 사태가 그에게 불리하게 전환될지도 모르므로 모험적 행동을 삼가해야 한다. 큰 병이나 커다란 변화는 없겠지만 어쩔 수 없이 돈을 써야 하기 때문에 돈을 모으기는 힘들 것이다.

4) 토끼띠 해

호랑이띠생한테는 비교적 행복한 해이다. 희소식이 전해지면서 애정문제와 사업문제가 다시 장미빛으로 변할 것이다. 여러 장애물이 여전히 앞길을 가로막겠지만 별 어려움없이 극복해 나갈 것이다. 대체적으로 그는 자기 성과에 크게 만족할 것이다.

5) 용띠 해

호랑이띠생에게는 별로 좋을 것이 없는 해이다. 그는 돈을 벌기가 어려울 것이며 다른 사람들의 영향을 받아 현명하지 못한 투자를 하게 될지도 모른다. 사랑하는 사람과 헤어진다든가 동업관계가 깨진다든가 하는 불운도 예측된다. 또 사태가 그에게 유리하게 변화된다 할지라도 그 변화에 적응하기가 쉽지 않을 것이다.

6) 뱀띠 해

호랑이띠생에게는 좋은 해이다. 커다란 손실이나 이익은 예측되지 않지만 그가 남의 문제에 끼여들지 않도록 조심만 한다면 한해가 평온하게 지나갈 수 있을 것이다. 병치레는 거의 없는 가운데 꾸준한 자기 발전이 이루어질 것이다. 실망스러운 일들이 생긴다면 그 거래가 이성문제 때문일 것이다.

7) 말띠 해

아주 좋고 행복한 해이다. 호랑이띠생에게 이 해는 만사가 순조롭게 진행될 것이다. 승진 및 인정이 예비되어 있다. 돈벌이가 수월할 것이기 때문에 저금이 가능하고 수입도 생길 수 있다. 가정의 희소식으로 경사가 있을 것이다.

8) 양띠 해

이러저러한 문제로 시간은 많이 빼앗기게 되겠지만 좋은 해이다. 가정에서의 사소한 말다툼, 사업에서의 협상과 긴장 등으로 조금도 쉴 틈이 나지 않을 것이며 여유가 없는데도 휴가를 즐겨야 할 것이다. 개인적으로 아끼는 물건을 잃을 수도 있는데 그러나 이것을 다행으로 생각해야 할 것이다. 심각한 재앙을 피한 대가라 생각해야 한다.

9) 원숭이띠의 해

호랑이띠생에게는 시련기로 분노와 좌절이 그의 참을성과 인내심을 시험할 것이다. 따라서 반대의견도 너무 큰소리로 내지 말고 송사로 이어질 대결관계는 피하는 것이 좋다. 평상시보다 더 유흥이나 여행에 시간을 보내면서 어쩔 수 없이 타협을 하게 될 것이다.

10) 닭띠 해

그저 무난한 해로 지나친 걱정은 삼가할 필요가 있다. 어떤 문제들이 그를 곤경에 빠뜨리면서 아주 크게 보일 것이지만 마지막 순간에 예기치 않았던 곳으로부터 또는 새로 사귄 친구들로부터 도움이 생기면서 이해가 다 지나기전에 해결될 것이다.

11) 개띠 해

호랑이띠생은 이 해에 심각한 위기로부터 보호를 받을 것이다. 그래서 자신의 성공을 위해 열심히 노력해야 할 것이며 자제에 자체를 열중하느라 피곤함과 외로움을 느끼게 될 것이다. 결국 행운의 여신이 그에게 미소를 보내는 탓에 그는 자기 일을 계획대로 추진할 수 있을 것이다. 영향력 있는 사람들의 지원이 뒤따를 것이다.

12) 돼지띠 해

이 해에 호랑이띠생은 헤픈 씀씀이를 무엇보다 자제하고 절약해야 할 것이다. 연초에 진행되던 번영이 오래동안 계속 지속되지 못하기 때문이다. 다행히 높은 투자와 새로운 교제에 대해서는 크게 조심하지 않아도 될 것이다.

이상의 내용은 주로 한림이 쓴 《古代人的宇宙觀－옛조상의 살풀이》 중 제3장 <범띠>(83~102쪽) 부분을 필자가 국내 자료와 연결하여 다시 편집한 것이다. 국내에서도 이른바 '사주팔자'와 관련된 역학서들이 많이 나왔으나 이 책만큼 간명하게 체계화한 것이 없어 부득이 이를 좇을 수밖에 없었다. 저자에게 감사드리고 비판적인 부분은 최근 민간전승의 변화라고 읽어주길 바란다.

"범띠 여아(女兒)는 팔자가 드세다"는 잘못된 속신어임에는 틀림없다. 조선시대 여성의 제한성과 남아선호 관념에서 나온 것이다. 이것이 와전되어 최근에는 어리석은 낙태사태가 이어지고 남녀성비 불균형 문제까지 야기하고 있다. "범띠 딸은 안좋으니 올해는 임신을 피하라"고 어른들의 권유에 신세대 부부들까지 갈등하고 있다. 이것은 근거없는 속설이고 오히려 열린 사회에서 여성의 진취적 기상을 통해 <단군신화>에서부터 있었던 인간존엄의 동등 이념을 역설적으로 실현해 갈 수 있다. 앞서 소개한 것처럼 띠와 관련된 민속은 당위론이 아니다. 더욱 띠의 운명론에 매달려서도 안 된다.

제9장. 호랑이띠의 민속적 의미
―우리문화 지킴이로서 인화와 용맹의 상징

호랑이는 어둠이 암시하는 본능과 이 본능의 세계에서 상
승하는 힘, 곧 빛을 상징한다. 호랑이는 동물 중 가장 혜안을
지녔다고 알려져 있다. 박지원의 ≪열하일기≫에서 범은 착
하고 성스럽고, 순채롭고도 싸움 잘 하고, 인자롭고도 효성
스럽고, 슬기롭고도 어질고, 엉큼스럽고 날래고, 세하고도 사
납기가 그야말로 천하에 대적할 자 없다. 이는 호랑이가 암
시하는 복합적인 특성이다. <단군신화>에서는 호랑이가 반
골기질로 나타난다. 이른바 조화의 개념으로 요약된다. 호랑
이는 착하지만 싸움을 잘 하며 어질지만 사납다는 말들이
그렇다.

호랑이는 신앙의례나 설화에서 보듯이 영물(靈物)의 화신
이나 인간화된 신격으로 대접받은 측면이 뚜렷하다. 호랑이
는 유쾌한 존재로서 새로운 것을 만들어가는 동물로 인식되

었다. 모든 생명을 주도하는 영물로 받아들여진 탓으로 시도되지 않은 길을 여는 대상물로도 상징되었다. 그밖에 무가, 민요, 속신어, 속담, 수수께끼 그리고 민속놀이에 나타나는 호랑이도 이와 크게 다르지 않다. 민요사설이 보이는 호랑이는 설화의 그것처럼 체제화되지 못하고 비유 정도에 머물고 있다. 속신어인 금기어와 길조어에는 호랑이의 민속적 성격을 강조하는 표현이 빈번하게 나타난다.

실제로 호랑이를 끌어들인 구비 단문에는 호랑이의 의로움이나 용맹스러움을 나타낸 것이 있는데, 예컨대 호랑이는 죽은 사람, 죽은 고기, 병든 사

◇ 호랑이와 대관령신이 있는 대관령 산신당

람, 임신한 사람, 상주, 문둥이를 잡아먹지 않고, 물었던 짐승을 던져보아 왼쪽으로 떨어지면 잡아먹지 않고, 사람을 잡아먹어도 머리만큼은 남기고 바위 위에 올려놓고 간다는 호

식장(虎食葬)이 전한다. 이러한 연상은 부적으로 생활화되어 나타난다. 수문장 역할이나 잡귀를 막는 부적으로 호랑이 그림이 사용되었다. 호랑이띠 해나 호랑이띠생에는 호랑이의 양면성을 상징화하여 관습화된 형상이 보인다. 호랑이띠 해에는 외적으로 요란하고 무엇인가 크게 일어난다는 관념이 작용하고 호랑이띠생에게도 이런 인성이 기질화되어 있다는 것이다. 호랑이띠생은 어려움을 잘 극복하고 관대하고 초지일관하는 성품이 나타난다는 것이다. 그래서 호랑이띠생은 소띠, 원숭이띠, 뱀띠보다 개띠, 쥐띠, 양띠, 닭띠와 잘 어울려 본디 호랑이 성격과 조화를 이룬다는 점이다.

특히 호랑이띠와 말, 개와의 관계는 가장 이상적인 조합을 이룬다. 이들 사이에는 의사전달이 원활하고 인간적인 것을 중시한다고 알려져 있다. 호랑이띠의 진취적인 성향과 말과 개의 충직성이 서로 자극되면 현실 적응력이 강하고 인간관계가 원만하다는 것이다. 때로는 호랑이띠의 진취적인 성향 때문에 외적인 도전이 강하나 말, 개띠의 심적 보강으로 신기할 정도로 적응이 빠르고 앞서가는 일면을 보인다고 말한다.

이와 반대로 호랑이와 원숭이띠는 상극(相剋)관계를 이룬다고 하였다. 이를 원형으로 그려놓았을 때 대립관계에 위치해서 그렇고, 방위에 따라 차이를 보인다는 데서 기인한 것이다. 궁합에서 따지는 것은 인간이 띠의 음양오행원리에 따라 운세에 영향을 받는다는 속신관념에서 나온 것이다. 다만 호랑이띠의 운세는 개인의 생시, 출생한 지역 등에 따라 다르다. 민속학의 입장에서는 호랑이띠의 1차적인 상징에 대해 동물숭배 신앙에 기인하여 신성성의 지킴이로 나타나고, 2차적인 운세적 상징에 대해 음양오행의 원리를 염두에 두면서 친근한 할아버지처럼 접촉성을 부여하고 있다. 따라서 호랑이띠의 민속적 의미는 민중의 산간·농경문화의 사유체계와 속신사고에 의한 양면성 곧 긍정과 부정이 나타나고, 운세적 상징성은 집단성보다 개별성이, 적층성보다 《주역》과 같은 경전의 인위성이 강조되어 나타난 듯하다.

민중의 호랑이에 대한 오랜 민간사고와 풍습, 실재와 상상은 물질전승, 행위 전승, 구비전승 등의 민중의 민속 주제로서 다양하게 나타나고 있다. 《산해경(山海經)》에 '군자국(君子國)'이라는 말에서도 알 수 있듯이 민중의 특징적인 인성(人性)으로 이해되는 상징동물이다. 큰 호랑이를 길러서 심부름시키는 기록이 그것인데, 오늘날 산신각이나 서낭당에 그려진 산신(山神)이나 그 사자(使者)를 연상시키는 표현이다.

본디 신성시하던 호랑이는 민중의 생활로 민간화되면서 신성성과 아울러 친근성 쪽으로 전이된 것이다. 일상의 인식에서 '범같은'이란 관형어를 붙여 호랑이의 동물적 용맹성을 인격화함으로써 초인적인 힘을 인지했고, 그것의 일부가 민간신앙화한 측면이 있다. 반대로 호랑이의 희화화(戱畫化)를 통해 웃음과 교훈을 주는 쪽으로 가져간 측면이 있다.

호랑이는 백수의 왕이라고도 하고 또 산군이라고도 하는 데서 알 수 있듯이 인군(人君)에 대한 존칭이라고 실감된다. 그만큼 호랑이는 한국인 누구에게 대접을 받고 있다. 호랑이 띠를 가진 사람은 이런 점에서 어질고 정의롭고 당당한 느낌으로 이웃에게 보여진다고 생각한다.

민중은 호랑이의 신적이며 인간적이고 동물적인 모습을 통해서 종교적 구원의 문제, 윤리성, 사회적 문제와 생과 죽음의 자연적 속성을 파악하려고 했던 것이다. '호랑이 잡고 볼기 맞는다'는 속담이 있다. 산신으로 신앙되는 호랑이에 관한 한국인의 산신신앙을 단적으로 시사해 주는 말이다. 인간세계가 발전되지 못한 고대일수록 한국은 산악 중심의 국가였음이 자명하여 인지(人智)가 발달하지 못했음에 따라 민중은 동물에 그 의식을 투영시켰다. 인간계는 산계의 존재를 인식하였고 따라서 산계의 동물은 흔히 특정인간으로 비유시켜 왔다. 산악 국가일수록 국가공동체 의식은 숭산의식(崇山意識)으로 나타났으며 산중왕인 호랑이는 국조신, 조상신 등으로 숭배되어 왔다. 산과 호랑이의 관련은 '호랑이등', '호산의 유래'에서 보듯이 산 모양은 곧 호신(虎身)으로 인식된다. 산신관념은 곧 호신신앙(虎神信仰)으로 이어지며 호신신앙은 곧 국주신앙으로 이어진다. 산을 위하지 않을 때 흉년이 들고 재앙이 들고 호랑이가 해를 끼친다. 전통사회에서 나무를 심고 산을 위하니 재앙이 줄고 평화가 찾아와서 더욱 호제(虎祭)를 드리는 풍습이 성행하였다. 산신은 곧 호신으로 숭상되어 호랑이는 산주(山主) 또는 산신령으로 인식된다. 산주는 흔히 강원도의 '산돌이', 충청도의 '산지킴이', 경상도의 '산찌검이' 등으로 나타나며 산의 임자, 곧 산을 지키는 자로 호랑이를 숭신하게 되었다. 호랑이는 나라 지킴이의 자리를 차지하고 있다.

국주인 왕은 곧 산신인 호랑이와 대등한 차원을 갖는다고 볼 수 있다. 이는 설화 '성거산', '호운석' 등에 암시되고 있다. 이러한 설화는 고려와 조선조의 선조설화에 해당하는데 둘다 왕조들이 호랑이의 음덕으로 구생(救生)되는 내용이며 범인과의 구별은 호랑이의 관련 여부에다 두었다. 왕조가 다른 아홉 명과 바위구멍에서 자는데 호랑이가 장군의 관을 잡아당겨 나가 싸우니까 굴이 무너져 아홉 명이 모두 죽는 경우, 목조가 호랑이와 싸우기로 결정하고 바위굴에서 나가니까 굴이 무너져 다른 무리가 압사한 경우가 그러한 예이다. 호랑이를 두려워하지 않고 용감하게 도전하였기에 그 도움으로 살아났으며 두려워한 범인들은 호랑이의 도움을 입지 못한 채 죽었다는 것을 보이고 있다. 즉 용맹이 있는 자가 국가의식을 가진 자라는 뜻이고 용맹이 없는 자는 그 국가의 주인의식을 갖지 못했다는 뜻과 맥락을 함께 한다. 이렇게 왕통(王統)을 호신과 관련시킨 반면 민중은 자기를 호랑이화시키지 못한 속신의식을 들 수 있다. 한국인은 자기자신을 순박하고 약한 동물로 의식했다. '범 없는 골에 토끼가 스승이다.'는 약자 예찬의 속담을 만들 경우도 있다. 한국인의 호신신앙은 진정한 종교의식을 갖지 못한 채 민중과 떨어졌음을 말하고 있다고 하겠다. 미국의 청교도 신앙처럼 민중의 마음을 지배하며 민중의 의식과 행동, 생활과 역사를 좌우한 신앙처럼 되지 못한 데에 대해 호신신앙의 비극적인

◇ 백두산 호랑이
　중국이 우호의 선물로 한국에 보낸 백두산호랑이 한쌍(수컷)이 서울 대공원에서 적응기간을 거쳐 공개됐다. 기상이 넘치는 모습이다.

요소가 보인다.

　민중이 호화의식(虎化意識)에 바탕을 둔 종교의식을 갖었던들 역사의 굴절에서 오는 민족의 비애는 맛보지 않았을 것이고 민중의 수난이 오랫동안 지속하지 않았을 것이다. 용맹이 없었고 자주적 현실관이 부족하였다. 아무리 강한 정치를 했어도 민중과는 유리되었다. 도리어 호랑이의 질서를 인간의 나약한 인간본위로 약화시켰다. 산신이 인자하고 점잖

은 교주처럼 약화되어 민중의 의식 속에 인성화되었다.

호랑이는 진보, 독립, 모험, 활동 등의 속성을 갖는다. 삶에 대한 무한한 욕망을 갖는 현실적 동물이다. 용맹과 투쟁의지는 딱딱한 현실세계를 개척하는 적극적인 삶의 자세를 갖는다. 모험은 새 삶을 이룩하는 창조 행위이다. 죽음보다 삶의 의지를, 안정보다 불안 속의 기대욕구를 갈망한다. 이러한 호랑이의 성질을 한국인은 대체로 억눌러 왔다. 일본, 중국, 한국의 민화에 등장하는 호랑이를 보더라도 각국의 민족성이 반영되어 있는데, 일본의 호랑이는 날쌔고 날카로운 이빨과 발톱이 두드러져서 마치 무사도와 같은 인상을 받으며, 중국 호랑이는 털과 체구가 두드러져 험악한 인상을 받아 우람한 대륙적 기품을 풍기는데 비하여 한국 호랑이는 인자하고 부드러우며 수염이 두드러져서 덕망있는 노인과 같은 인상을 받는다. 특히 절 안의 산신당에 그려진 호랑이 모습이 그렇다.

한국민족의 투쟁적인 기사도 정신이 싹트지 못하고 조용한 선비문화를 이룬 까닭이 여기에 있는 것이다. 우리민족이 호랑이의 강인성을 추구하지 않고 인간본위로 약화시켰다고는 하였지만 위기에 처할 때마다 우리민족 특유의 강인함이 나타나고 끈기와 용맹함이 나타나는 것은 우리의 정신 밑바닥에 호랑이의 정신이 존재함을 증명해 주고 있는 것이다. 호랑이띠를 지닌 사람이나 호랑이 든 해에는 이런 호랑이 이미지를 되새겨 보며 삶의 건강성을 유지해야 한다.

　호랑이의 지혜를 모으고 호랑이의 용맹정진으로 거듭 태어나야 할 시기다. 앞에서 이야기한 대로 호랑이띠는 안으로 슬기로움과 겉으로는 용맹스러움이 어우러진 성향으로 널리 사랑을 받고 있다. 흔히 호랑이해에 딸을 낳으면 팔자가 세다고 하여 뱃속 아기가 수난을 겪는다고 전해진다. 그것은 잘못된 인식이다. 오히려 호랑이해에 태어나는 성별 관계없이 아들과 딸은 열린 세계에 어진이로 부각될 수 있다. 기존의 잘못된 틀에서 벗어나자. 호랑이해에는 호랑이 부적으로 그 사이 잊었던 사악한 것, 부조리한 면을 없애야 한다. 호랑이는 설화나 신앙에서 보듯이 친근하면서 나쁜 것을 물어버리는 사나움이 있는 영물이다. 21세기는 문화시대라고 한다. 문화시대로 가는 호랑이해에 우리는 마음 속에 어진이의 부적인 호랑이 심상을 지녀야 한다. 우리 호랑이상 같은 정신은 문화시대에 더욱 필요하다. 새해벽두부터 차를 마시면서 호랑이의 이미지를 마음에 새기며 부정적인 것을 호랑이처럼 물어버리고, 소중하게 다루어야 하는 것은 민화 속의 호랑이처럼 부드럽게 어루만져주는 자기암시를 해보면 어떨까. 본격적인 호랑이 민속학은 한·중·일 호랑이 문화론을 비교한 연구 이후에 가능하리라 믿는다. ‘동물민속학’의 분야 개척이 아쉬운 것이다.

참고문헌

《삼국유사》·《삼국사기》·《신증동국여지승람》·《어우야담》·《만기요람》·《용재층화》·《산림경제》·《동의보감》
어문연구실 편, 《한국구비문학대계》82권, 한국정신문화연구원, 1978~1987.
《한국문화상징사전》, 동아출판사, 1992.

김강산, 《호식장》, 태백문화원, 1988.
김병호, 《소설치망마이》, 매일경제신문사, 1992.
김광순, 《한국구비전승의 문학》, 형설출판사, 1988.
김성배, 《한국수수께끼사전》, 언어문화사, 1976.
김선풍, 《12띠의 민속과 상징》집문당, 1996.
김선풍, <동해안의 성황설화와 부락제고>, 《관대논문집》 제6집, 1978.
김도환, 《한국속담의 묘미》, 제일문화사, 1978.
김성진, 《한국인의 사주팔자》, 무궁화출판사, 1992.
김태곤외, 《한국민속문화의 탐구》, 국립민속박물관, 1996.
김호근·윤열수 편, 《한국 호랑이》, 열화당, 1986.
김호연, 《한국민화》, 경내문화사, 1980.
박용식, 《한국설화의 원시종교사상연구》, 일지사, 1984.

서영대, <동예사회의 호신숭배에 대하여>, ≪역사민속학 2호≫, 한국역사민속학회, 1992.

성기열, ≪한국민담의 세계≫, 인하대출판부, 1982.

손도심, ≪호랑이≫, 서울신문사, 1974.

손동인, ≪한국전래동화연구≫, 정음문화사, 1984.

손진태, ≪조선민족설화의 연구≫, 을유문화사, 1947.

송재선, ≪우리말 속담 큰사전≫, 서문당, 1986.

안길모, ≪불교와 세시풍속≫, 명상, 1993.

오창영, ≪동물기-의젓한 군자풍인 호랑이≫, 창조사, 1972.

이가원 편, ≪한국 호랑이 이야기≫, 민조사, 1977.

이부영, <호랑이와 세 아이>, ≪한국민담의 심층분석≫, 집문당, 1995.

이상오, ≪사냥≫, 수도문화사, 1964.

이우성, <호질의 작자와 주제>, ≪창작과 비평≫, 1968, 가을호.

이은성, ≪역법의 원리분석≫, 정음사, 1985.

이창식, ≪민속이란 무엇인가≫, 청문각, 1996.

이호주, <호랑이 설화에 나타난 한국인의 의식고찰>, 고려대 대학원 석사논문, 1982.

임동권, ≪한국민속문화론≫, 집문당, 1983.

임석재, ≪호랑이에 대한 한국인의 생각≫, 열화당, 1988.

임석재, ≪한국구전설화≫(임석재전집1-10), 평민사, 1987.

임재해, ≪설화작품의 현장론적 분석≫, 지식산업사, 1991.

장정룡, <라후족 호신숭배와 색동문명 고찰>, ≪남방문화≫2호, 1996.